新时代

铁路发展面对面

中国国家铁路集团有限公司党组宣传部 编

中国铁道出版社有限公司
CHINA RAILWAY PUBLISHING HOUSE CO., LTD.

图书在版编目（CIP）数据

新时代铁路发展面对面 / 中国国家铁路集团有限公司党组宣传部编. -- 2版. -- 北京：中国铁道出版社有限公司，2025. 6（2025. 9 重印）. -- ISBN 978-7-113-32461-2

Ⅰ. F532. 3

中国国家版本馆CIP数据核字第20255EY970号

书　　名：新时代铁路发展面对面
XINSHIDAI TIELU FAZHAN MIANDUIMIAN

作　　者：中国国家铁路集团有限公司党组宣传部

责任编辑：王　鑫　田银香　邵乾宇　　　编辑部电话：（010）51873659

编辑助理：张嘉益

装帧设计：高博越

责任校对：安海燕

责任印制：赵星辰

出版发行：中国铁道出版社有限公司（100054，北京市西城区右安门西街8号）

网　　址：https://www.tdpress.com

印　　刷：北京盛通印刷股份有限公司

版　　次：2023年6月第1版　2025年6月第2版　2025年9月第3次印刷

开　　本：700 mm×1 000 mm　1/16　印张：18.5　字数：200千

书　　号：ISBN 978-7-113-32461-2

定　　价：58.00元

审 图 号：GS京（2023）1421号

前言

党的十八大以来，中国特色社会主义进入新时代，以习近平同志为核心的党中央审时度势、果敢抉择，锐意进取、攻坚克难，团结带领全党全军全国各族人民撸起袖子加油干、风雨无阻向前行，党和国家事业取得历史性成就、发生历史性变革，推动我国迈上全面建设社会主义现代化国家新征程。党的二十大全面把握党和国家事业发展新要求、人民群众新期待，作出了全面建设社会主义现代化国家、以中国式现代化全面推进中华民族伟大复兴的战略部署，确定了高质量发展是全面建设社会主义现代化国家的首要任务，发出了实现第二个百年奋斗目标的进军号令。

铁路是国家战略性、先导性、关键性重大基础设施，是国民经济大动脉、重大民生工程和综合交通运输体系骨干。进入新时代，铁路干部职工始终听党话、永远跟党走，踔厉奋发、接续奋斗，推动中国铁路事业取得历史性成就、发生历史性变革。在强国建设、民族复兴新征程上，我们必须一如既往听从党中央号令，牢牢把握国家铁路、人民铁路在全面建设社会主义现代化国家中的战略定位，以永不懈怠的精神状态和一往无前的奋斗姿态，奋力推动铁路高质量发展，率先实现铁路现代化，更好服务和保障社会主义现代化强国建设。

新时代新征程，责任重大、使命光荣，唯有统一思想、统一意志、统一行动，才能让我们这支特别敢担当、特别能奉献、特别讲纪律、特别有执行力的铁路产业大军永远经得住历史检验。国铁集团党组宣传部认真落实为更好担负国家铁路使命任务凝心聚力的要求，2023 年组织编写了《新时代铁路发展面对面》一书，2024 年进行局部修订，2025 年修订再版，作为广大铁路职工政治学习资料、新入路职工培训指导书，以及铁路专业院校学生思政课辅助读物。本书以习近平新时代中国特色社会主义思想为指导，深入学习贯彻党的二十大和二十届二中、三中全会精神，全面把握国铁集团工作会议作出的经验总结和工作部署，紧密结合新时代产业工人思想政治素质要求和铁路工作实际，开列了引领篇、关怀篇、成就篇、展望篇、举措篇、文化篇、法纪篇、道德篇、榜样篇、共享篇共十个篇章，力求通过深刻透彻的思想、朴实无华的语言、简洁自然的文风、活泼新颖的形式，带领广大读者进一步感悟思想伟力，牢记殷殷嘱托，深刻领悟“两个确立”的决定性意义，增强“四个意识”、坚定“四个自信”、做到“两个维护”，积极践行“人民铁路为人民”宗旨，始终热爱党、热爱祖国、热爱社会主义、热爱铁路、热爱企业、热爱岗位、热爱劳动。

强国复兴有我，铁路先行有我。在以习近平同志为核心的党中央坚强领导下，在习近平新时代中国特色社会主义思想的科学指引下，新时代铁路产业大军定会脚踏实地、担当实干、开拓创新、勇毅前行，加快建设世界一流铁路企业，扎实推动铁路高质量发展和现代化建设，努力为以中国式现代化全面推进强国建设、民族复兴伟业作出新的更大贡献！

编　者

2025 年 6 月

目 录

1 引领篇·思想之旗领航向 // 001

——如何理解和把握习近平新时代中国特色社会主义思想的精神实质和丰富内涵？

◇ 新时代催生新思想 / 002
◇ 新思想彰显新伟力 / 007
◇ 新思想引领新征程 / 014
◈ 点 睛 / 020

2 关怀篇·牢记嘱托担使命 // 023

——如何感悟党中央的亲切关怀是推动铁路高质量发展的行动指南和强大动力？

◇ 安全生产是民生大事 / 025
◇ 把美丽中国的交通勾画得更美 / 033
◇ 打造中国高铁亮丽名片 / 039

◇ 全面提高铁路绿色发展水平 / 042
◇ 为高质量共建“一带一路”发挥铁路作用 / 045
◈ 点　睛 / 052

3 成就篇・长路当歌铸辉煌 // 055

——如何看待新时代中国铁路的历史性成就和历史性变革？

◇ 国家铁路的战略定位和作用更加突出 / 057
◇ 铁路运输能力和服务质量大幅提升 / 064
◇ 铁路安全进入较为稳定的历史时期 / 067
◇ 中国铁路总体技术水平迈入世界先进行列 / 070
◇ 铁路发展的内动力和活力不断增强 / 074
◈ 点　睛 / 078

4 展望篇・勠力同心向未来 // 081

——如何理解和把握新时代新征程国家铁路的目标任务？

◇ 到 2030 年，建成世界一流铁路企业 / 090
◇ 到 2035 年，率先建成现代化铁路强国 / 095
◇ 到 2050 年，全面建成更高水平的现代化铁路强国 / 099
◈ 点　睛 / 100

5 举措篇·步履铿锵启新程 // 103

——如何理解和把握推动铁路高质量发展、加快建设世界一流铁路企业的主要举措?

◇ 进一步全面深化铁路改革 / 104
◇ 坚守政治红线和职业底线 / 106
◇ 科学有序推进铁路规划建设 / 110
◇ 全面提升运输服务保障水平 / 113
◇ 全面提升经营质量和效益 / 116
◇ 提高铁路科技自立自强能力 / 119
◇ 更好地服务支撑国家重大战略 / 121
◇ 以高质量党建引领保障铁路高质量发展 / 123
◈ 点　睛 / 128

6 文化篇·以文化人聚合力 // 131

——如何进一步坚定铁路文化自信、守牢铁路精神根脉?

◇ 大力弘扬以“人民铁路为人民”为核心的铁路精神 / 133
◇ 传承发展铁路优秀传统文化 / 145
◇ 持续深化铁路重要工作领域文化建设 / 148
◇ 积极培育铁路重点发展领域文化 / 152
◇ 共建车间班组家园文化 / 157
◈ 点　睛 / 160

7 法纪篇·遵纪守法扬正气 // 163

——如何更加自觉地尊法学法守法用法?

- ◇ 至高无上的宪法 / 166
- ◇ 不可触犯的刑法 / 169
- ◇ 密不可分的民法典 / 171
- ◇ 严字当头的安全生产法 / 174
- ◇ 紧跟时代的网络安全法 / 177
- ◇ 治路护路的铁路法 / 179
- ◇ 严肃完善的党内法规体系 / 180
- ◈ 点　睛 / 184

8 道德篇·崇德向善树新风 // 187

——如何更好地立德修身做担当大任的新时代铁路人?

- ◇ 自觉遵守社会公德，在社会上做一个好公民 / 191
- ◇ 自觉践行职业道德，在企业内做一个好职工 / 199
- ◇ 自觉传承家庭美德，在家庭里做一个好成员 / 206
- ◇ 自觉修炼个人品德，在日常生活中养成好品行 / 209
- ◈ 点　睛 / 214

9 榜样篇·见贤思齐当先锋 // 217

——如何像新时代铁路榜样那样在平凡的
岗位上创造不凡？

◇ 先行，交通强国的使命召唤 / 219
◇ 服务，造福人民的初心映照 / 229
◇ 担当，敢于拼搏的无我境界 / 238
◇ 奋斗，奔跑追梦的最美姿态 / 247
◈ 点 睛 / 256

10 共享篇·幸福生活谱新篇 // 259

——如何更好地共建共享铁路高质量发展成果？

◇ 从生产生活条件看共建共享 / 263
◇ 从工资收入看共建共享 / 270
◇ 从社会保障看共建共享 / 272
◇ 从个人成长成才看共建共享 / 276
◇ 从回应关切办实事看共建共享 / 279
◈ 点 睛 / 282

后 记 // 284

复兴号动车组列车穿越陇南油菜花海（兰州局集团公司党委宣传部供图 · 徐凌波/摄）

1

引领篇 • 思想之旗领航向

——如何理解和把握习近平新时代中国特色社会主义思想的精神实质和丰富内涵？

走过百年光辉历程，迈上新的时代征程，伟大的中国共产党又迎来了一个具有重大历史意义的标志性时刻。2022 年 10 月 23 日上午，北京人民大会堂，中国共产党第二十届中央委员会第一次全体会议选举产生了以习近平同志为核心的新一届中央领导集体。

万众期盼中，中共中央总书记习近平带领其他中央政治局常委同中外记者见面，发出奋进新征程的豪迈誓言："我代表新一届中共中央领导成员，衷心感谢全党同志的信任。我们一定牢记党的性质和宗旨，牢记自己的使命和责任，恪尽职守、勤勉工作，决不辜负党和人民重托。"

那一刻，全党全国各族人民信心倍增：有习近平总书记掌舵领航，全党就有了"顶梁柱"，14 亿多中国人民就有了"主心骨"；

● 上海动车段组织职工收看习近平同志在中国共产党第二十次全国代表大会上的报告直播（上海局集团公司党委宣传部供图）

有习近平新时代中国特色社会主义思想的科学指引，全党全军全国各族人民就有了思想上的“定盘星”、行动上的“指南针”。

◈ 新时代催生新思想

伟大的时代需要伟大的思想，也必然产生伟大的思想。党的十八大以来，中国特色社会主义进入新时代，以习近平同志为主要代表的中国共产党人，对关系新时代党和国家事业发展的一系列重大理论和实践问题进行了深邃思考和科学判断，就新时代坚持和发展什么样的中国特色社会主义、怎样坚持和发展中国特色社会主义，建设什么样的社会主义现代化强国、怎样建设社会主义现代化强国，建设什么样的长期执政的马克思主义政党、怎样建设长期执政的马克思主义政党等重大时代课题，提出一系列原创性的治国理政新理念新思想新战略，创立了习近平新时代中国特色社会主义思想。

习近平总书记是习近平新时代中国特色社会主义思想的主要创立者。在领导全党全国各族人民推进党和国家事业的实践中，习近平总书记以马克思主义政治家、思想家、战略家的历史主动精神、非凡理论勇气、卓越政治智慧、强烈使命担当，以“我将无我，不负人民”的赤子情怀，应时代之变迁、立时代之潮头、发时代之先声，为习近平新时代中国特色社会主义思想的创立和发展发挥了决定性作用、作出了决定性贡献。

【延伸阅读】

高举中国特色社会主义伟大旗帜为全面建设社会主义现代化国家而团结奋斗——习近平在中国共产党第二十次全国代表大会上的报告

习近平新时代中国特色社会主义思想内涵十分丰富，涵盖新时代坚持和发展中国特色社会主义的总目标、总任务、总体布局、战略布局和发展方向、发展方式、发展动力、战略步骤、外部条件、政治保证等基本问题，并根据新的实践对党的建设、经济、政治、法治、科技、文化、教育、民生、民族、宗教、社会、生态文明、国家安全、国防和军队、“一国两制”和祖国统一、统一战线、外交等各方面作出新的理论概括和战略指引。

党的十九大、十九届六中全会提出的“十个明确”“十四个坚持”“十三个方面成就”概括了习近平新时代中国特色社会主义思想的主要内容。

知识链接

中国式现代化的中国特色是什么？

中国式现代化具有五个方面的中国特色，即：中国式现代化是人口规模巨大的现代化、全体人民共同富裕的现代化、物质文明和精神文明相协调的现代化、人与自然和谐共生的现代化、走和平发展道路的现代化。

“十个明确”，就是明确中国特色社会主义最本质的特征是中国共产党领导，中国特色社会主义制度的最大优势是中国共产党领导，中国共产党是最高政治领导力量，全党必须增强“四个意识”、坚定“四个自信”、做到“两个维护”；明确坚持和发展中国特色社会主义，总任务是实现社会主义现代化和中华民族伟大复兴，在全面建成小康社会的基础上，分两步走在本世纪中叶建成富强民主文明和谐美丽的社会主义现代化强国，以中国式现代化推进中华民族伟大复兴；明确新时代我国社会主要矛盾是人民日益增长的美好生活需要和不平衡不充分的发展之间的矛盾，必须坚持以人民为中心的发展思想，发展全过程人民民主，推动人的全面发展、全体人民共同富裕取得更为明显的实质性进展；明确中国特色社会主义事业总体布局是经济建设、政治建设、文化建设、社会建设、生态文明建设五位一体，战略布局是全面建设社会主义现代化国家、全面深化改革、全面依法治国、全面从严治党四个全面；明确全面深化改革总目标是完善和发展中国特色社会主义制度、推进国家治理体系和治理能力现代化；明确全面推进依法治国总目标是建设中国特色社会主义法治体系、建设社会主义法治国家；明确必须坚持和完善社会主义基本经济制度，使市场在资源配置中起决定性作用，更好发挥政府作用，把握新发展阶段，贯彻创新、协调、绿色、开放、共享的新发展理念，加快构建以国内大循环为主体、国内国际双循环相互促进的新发展格局，推动高质量发展，统筹发展和安全；明确党在新时代的强军目标是建设一支听党指挥、能打胜仗、作风优良的人民军队，把人民军队建设成为世界一流军队；明确中国特色大国外交要服务民族复兴、促进人类进步，推动建设新型国际关系，推动构建人类命运共同体；明确全面从严治党的战略方针，提出新时代党的建设总要求，全面推进党的政治建设、思想建设、组织建设、作风建设、纪律建设，把制度建设贯穿其中，深入推进反腐败斗争，落实管党治党政治责任，以伟大自我革命引领伟大社会革命。

“十四个坚持”，就是坚持党对一切工作的领导，坚持以人民为中心，坚持全面深化改革，坚持新发展理念，坚持人民当家作主，坚持全面依法治国，坚持社会主义核心价值体系，坚持在发展中保

知识链接

新时代党的建设的总要求是什么？

新时代党的建设的总要求是，坚持和加强党的全面领导，坚持党要管党、全面从严治党，以加强党的长期执政能力建设、先进性和纯洁性建设为主线，以党的政治建设为统领，以坚定理想信念宗旨为根基，以调动全党积极性、主动性、创造性为着力点，全面推进党的政治建设、思想建设、组织建设、作风建设、纪律建设，把制度建设贯穿其中，深入推进反腐败斗争，不断提高党的建设质量，把党建设成为始终走在时代前列、人民衷心拥护、勇于自我革命、经得起各种风浪考验、朝气蓬勃的马克思主义执政党。

● 行驶在沪昆高铁上的复兴号动车组列车（上海局集团公司党委宣传部供图）

障和改善民生，坚持人与自然和谐共生，坚持总体国家安全观，坚持党对人民军队的绝对领导，坚持“一国两制”和推进祖国统一，坚持推动构建人类命运共同体，坚持全面从严治党。

“十三个方面成就”，就是在坚持党的全面领导、全面从严治党、经济建设、全面深化改革开放、政治建设、全面依法治国、文化建设、社会建设、生态文明建设、国防和军队建设、维护国家安全、坚持“一国两制”和推进祖国统一、外交工作等方面取得的历史性成就和发生的历史性变革。

“十个明确”是支撑习近平新时代中国特色社会主义思想这座理论大厦的主体部分，构成了这一重要思想的“四梁八柱”。把握了“十个明确”，就掌握了这一重要思想的主要观点和基本精神。“十四个坚持”是对新时代我们党治国理政重大方针原则的高度凝练和科学概括，是对我们党不同时期形成的基本纲领、基本经验、基本要求的整合与发展，是习近平新时代中国特色社会主义思想的重要组成部分，是落实这一重要思想的实践要求，构成新时代坚持和发展中国特色社会主义的基本方略。“十三个方面成就”展示了以习近平同志为核心的党中央治国理政理念、成就与经验，既是在习近平新时代中国特色社会主义思想指导下取得的成就，又以一系列重要原创性成果丰富发展了这一重要思想。

“十个明确”“十四个坚持”“十三个方面成就”不是孤立、割裂的，只有把三个方面结合起来、联系起来，才能全面、完整、准确把握习近平新时代中国特色社会主义思想。

新思想彰显新伟力

习近平新时代中国特色社会主义思想，孕育形成于新时代的伟大实践，又在指导新时代的伟大实践中彰显磅礴思想伟力，开辟了马克思主义中国化时代化新境界。

马克思主义是我们立党立国、兴党兴国的根本指导思想。拥有马克思主义科学理论指导是我们党坚定信仰信念、把握历史主动的根本所在。回望百年奋斗历程，党之所以

【延伸阅读】

党的二十届三中全会公报一图读懂

能够领导人民在一次次求索、一次次挫折、一次次开拓中完成中国其他各种政治力量不可能完成的艰巨任务，根本在于坚持马克思主义基本原理，坚持实事求是，从中国实际出发，洞察时代大势，把握历史主动，进行艰辛探索，不断推进马克思主义中国化时代化，指导中国人民不断推进伟大社会革命。我们党的历史，就是一部不断推进马克思主义中国化时代化的历史，就是一部不断推进理论创新、进行理论创造的历史。

微视频

理论微课：

深刻领悟习近平新时代中国特色社会主义思想

习近平总书记指出："中国共产党为什么能，中国特色社会主义为什么好，归根到底是马克思主义行，是中国化时代化的马克思主义行。"这一重大论断，深刻阐明了科学理论对实践的重要指导意义，深刻揭示了"能""行""好"的内在逻辑，深刻揭示了马克思主义中国化时代化的内在规律和历史必然。

推进马克思主义中国化时代化是一个追求真理、揭示真理、笃行真理的过程。中国共产党人深刻认识到，只有把马克思主义基本原理同中国具体实际相结合、同中华优秀传统文化相结合，坚持运用辩证唯物主义和历史唯物主义，才能正确回答时代和实践提出的重大问题，才能始终保持马克思主义的蓬勃生机和旺盛活力。

坚持和发展马克思主义，必须同中国具体实际相结合。我们坚持以马克思主义为指导，是要运用其科学的世界观和方法论解决中国的问题，而不是要背诵和重复其具体结论和词句，更不能把马克思主义当成一成不变的教条。采取教条主义、本本主义的态度对待马克思主义，只会损害乃至窒息马克思主义的生命力。习近平新时代中国特色社会主义思想坚持解放思想、实事求是、与时俱进、求真务实，一切从实际出发，着眼解决新时代改革开放和社会主义现代化建设的实际问题，科学回答了中国之问、世界之问、人民之问、时代之问，作出了符合中国实际和时代要求的正确回答，有力指导了新时代中国特色社会主义伟大实践。

● 苏家屯车辆段 5T 运用车间“青马讲师”结合宣传展板为职工宣讲党的二十届三中全会精神（沈阳局集团公司党委宣传部供图）

● 行驶在张吉怀高铁上的复兴号动车组列车正在穿越湖南怀化美丽乡村（广州局集团公司党委宣传部供图）

坚持和发展马克思主义，必须同中华优秀传统文化相结合。只有植根本国、本民族历史文化沃土，马克思主义真理之树才能根深叶茂。中华优秀传统文化蕴含的天下为公、民为邦本、为政以德、革故鼎新、任人唯贤、天人合一、自强不息、厚德载物、讲信修睦、亲仁善邻等，是中国人民在长期生产生活中积累的宇宙观、天下观、社会观、道德观的重要体现，同科学社会主义价值观主张具有高度契合性。习近平新时代中国特色社会主义思想坚定历史自信、文化自信，坚持古为今用、推陈出新，把马克思主义思想精髓同中华优秀传统文化精华贯通起来、同人民群众日用而不觉的共同价值观念融通起来，赋予了科学理论鲜明的中国特色，夯实了马克思主义中国化时代化的历史基础和群众基础。

习近平总书记强调："我们推进马克思主义中国化时代化的根本途径是'两个结合'。""两个结合"深刻揭示了马克思主义在中国创新发展的现实路径和内在规律，深刻总结了中国共产党百年理论创新史的基本经验。把马克思主义基本原理同中国具体实际、同中华优秀传统文化相结合是必由之路，深刻认识"结合"的前提是彼此契合，结果是互相成就，筑牢了道路根基，打开了创新空间，巩固了文化主体性。习近平新时代中国特色社会主义思想是坚持"两个结合"的最新理论成果，也必将在坚持"两个结合"中不断丰富发展。

实践没有止境，理论创新也没有止境。不断谱写马克思主义中国化时代化新篇章，是当代中国共产党人的庄严历史责任。继续推进实践基础上的理论创新，首先要把握好习近平新时代中国特色社会主义思想的世界观和方法论，坚持好、运用好贯穿其中的立场观点方法。对此，党的二十大报告用"六个必须坚持"作了概括和阐述。

【延伸阅读】

@全体党员，党的创新理论分这五个层次

——必须坚持人民至上。人民性是马克思主义的本质属性，党的理论是来自人民、为了人民、造福人民的理论，人民的创造性实践是理论创新的不竭源泉。一切脱离人民的理论都是苍白无力的，一切不为人民造福的理论都是没有生命力的。我们要站稳人民立场、把握人民愿望、尊重人民创造、集中人民智慧，形成为人民所喜爱、所认同、所拥有的理论，使之成为指导人民认识世界和改造世界的强大思想武器。

——必须坚持自信自立。中国人民和中华民族从近代以后的深重苦难走向伟大复兴的光明前景，从来就没有教科书，更没有现成答案。党的百年奋斗成功道路是党领导人民独立自主探索开辟出来的，马克思主义的中国篇章是中国共产党人依靠自身力量实践出来的，贯穿其中的一个基本点就是中国的问题必须从中国基本国情出发，由中国人自己来解答。我们要坚持对马克思主义的坚定信仰、对中国特色社会主义的坚定信念，坚定道路自信、理论自信、制度自信、文化自信，以更加积极的历史担当和创造精神为发展马克思主义作出新的贡献，既不能刻舟求剑、封闭僵化，也不能照抄照搬、食洋不化。

——必须坚持守正创新。我们从事的是前无古人的伟大事业，

学习金句

◎要坚持守正创新，改革无论怎么改，坚持党的全面领导、坚持马克思主义、坚持中国特色社会主义道路、坚持人民民主专政等根本的东西绝对不能动摇，同时要敢于创新，把该改的、能改的改好、改到位，看准了就坚定不移抓。

◎改革要更加注重系统集成，坚持以全局观念和系统思维谋划推进，加强各项改革举措的协调配套，推动各领域各方面改革举措同向发力、形成合力，增强整体效能，防止和克服各行其是、相互掣肘的现象。

守正才能不迷失方向、不犯颠覆性错误，创新才能把握时代、引领时代。我们要以科学的态度对待科学、以真理的精神追求真理，坚持马克思主义基本原理不动摇，坚持党的全面领导不动摇，坚持中国特色社会主义不动摇，紧跟时代步伐，顺应实践发展，以满腔热忱对待一切新生事物，不断拓展认识的广度和深度，敢于说前人没有说过的新话，敢于干前人没有干过的事情，以新的理论指导新的实践。

——必须坚持问题导向。问题是时代的声音，回答并指导解决问题是理论的根本任务。今天我们所面临问题的复杂程度、解决问题的艰巨程度明显加大，给理论创新提出了全新要求。我们要增强问题意识，聚焦实践遇到的新问题、改革发展稳定存在的深层次问题、人民群众急难愁盼问题、国际变局中的重大问题、党的建设面临的突出问题，不断提出真正解决问题的新理念新思路新办法。

——必须坚持系统观念。万事万物是相互联系、相互依存的。只有用普遍联系的、全面系统的、发展变化的观点观察事物，才能把握事物发展规律。我国是一个发展中大国，仍处于社会主义初级阶段，正在经历广泛而深刻的社会变革，推进改革发展、调整利益关系往往牵一发而动全身。我们要善于通过历史看现实、透过现象看本质，把握好全局和局部、当前和长远、宏观和微观、主要矛盾和次要矛盾、特殊和一般的关系，不断提高战略思维、历史思维、辩证思维、系统思维、创新思维、法治思维、底线思维能力，为前瞻性思考、全局性谋划、战略性布局、整体性推进党和国家各项事业提供科学思想方法。

——必须坚持胸怀天下。中国共产党是为中国人民谋幸福、为中华民族谋复兴的党，也是为人类谋进步、为世界谋大同的党。我们要拓展世界眼光，深刻洞察人类发展进步潮流，积极回应各国人民普遍关切，为解决人类面临的共同问题作出贡献，以海纳百川的宽阔胸襟借鉴吸收人类一切优秀文明成果，推动建设更加美好的世界。

这“六个必须坚持”构成了相互联系、内在统一的有机整体，既是对习近平新时代中国特色社会主义思想世界观和方法论的深刻揭示，也是新时代新征程我们党继续推进理论创新、不断开辟马克思主义中国化时代化新境界的根本要求和鲜明指向，集中体现了习近平新时代中国特色社会主义思想的理论品格，为我们把握和运用好习近平新时代中国特色社会主义思想的精髓要义提供了“金钥匙”。

◈ 新思想引领新征程

时光的表盘上，总有一些耀眼时刻，标注历史的进程。

2021 年金秋，在中国共产党隆重庆祝建党 100 周年的热烈氛围中，我们党制定了党的历史上第三个历史决议，鲜明提出“两个确立”。

党确立习近平同志党中央的核心、全党的核心地位，确立习近平新时代中国特色社会主义思想的指导地位，这是深刻总结党的百年奋斗历程特别是新时代伟大变革得出的重大历史结论，反映了全党

全军全国各族人民共同心愿，凝聚全党共同意志、表达人民共同心声。

沧海横流显砥柱，万山磅礴看主峰。面对世所罕见、史所罕见的复杂形势和风险挑战，习近平总书记作为党中央的核心、全党的核心，以马克思主义政治家、思想家、战略家的恢宏气魄、远见卓识、雄韬伟略，在风云变幻中举旗定向、掌舵领航，在大战大考中指挥若定、运筹帷幄，在惊涛骇浪中力挽狂澜、砥柱中流，谋划国内外大局，统领改革发展稳定、内政外交国防、治党治国治军，及时提出重大战略，作出重大决策，部署重大任务，领导全党全军全国各族人民坚定信心、迎难而上，充分展现了大党大国领袖的政治智慧、战略定力、使命担当、为民情怀、领导艺术，赢得了全党全军全国各族人民的衷心拥护和爱戴，不愧为中华民族伟大复兴号巨轮的掌舵者、领航人。

坚强的领导核心、科学的理论指导始终是关系党和国家前途命运、党和人民事业兴衰成败的根本性问题。新时代的伟大实践充分证明，党确立习近平同志党中央的核心、全党的核心地位，确立习近平新时代中国特色社会主义思想的指导地位，是推动党和国家事业取得历史性成就、发生历史性变革的决定性因素，对新时代党和国家事业发展、

微视频

理论微课：

深刻领悟“两个确立”的决定性意义

● 行驶在哈大高铁上的复兴号动车组列车（沈阳局集团公司党委宣传部供图）

对推进中华民族伟大复兴历史进程具有决定性意义。现在，“两个确立”作为党在新时代取得的重大政治成果，已经成为全党全军全国各族人民的高度共识和共同意志，已经写在了新时代的伟大征程上、写在了全党全军全国各族人民心坎上，是党应对一切不确定性的最大确定性、最大底气、最大保证。

注重思想建党、理论强党，是中国共产党的鲜明特色和光荣传统。在百年奋斗征程中，我们党之所以能够历经艰难困苦而不断发展壮大、取得辉煌成就，就在于始终把马克思主义作为行动指南，坚持用马克思主义中国化时代化最新成果武装全党。这是我们党始终保持统一思想、统一意志、统一行动的根本保证，也是我们党始终保持强大凝聚力、创造力、战斗力的制胜法宝。

习近平新时代中国特色社会主义思想是当代中国马克思主义、二十一世纪马克思主义，是中华文化和中国精神的时代精华，实现了马克思主义中国化时代化新的飞跃。坚持不懈用习近平新时代中国特色社会主义思想凝心铸魂，对于统一思想认识、明确前进方向、凝聚奋进力量，全面建成社会主义现代化强国、以中国式现代化全面推进中华民族伟大复兴，具有重大现实意义和深远历史意义。

理论的价值在于指导实践，学习的目的全在于运用。学习贯彻习近平新时代中国特色社会主义思想是全党全国的根本政治任务，是新时代新征程开创事业发展新局面的

微视频

理论微课：

从“两个结合”领悟习近平新时代中国特色社会主义思想

● “宁铁轻骑兵”宣讲队深入一线开展理论宣讲（南宁局集团公司党委宣传部供图）

根本要求。坚持用习近平新时代中国特色社会主义思想武装头脑、指导实践、推动工作，应建立健全以学铸魂、以学增智、以学正风、以学促干的长效机制，持之以恒在深化内化转化上下功夫，不断增进政治认同、思想认同、理论认同、情感认同，切实做到学思用贯通、知信行统一。

深入学习贯彻习近平新时代中国特色社会主义思想，是一个持续推进、常学常新、不断深化的过程，只有持之以恒方能久久为功。今天，我们迈上了全面建设社会主义现代化国家新征程，党和国家事业站在了新的历史起点上，中华民族正以不可阻挡之势走向伟大复兴。进一步全面深化改革、推进中国式现代化，实现第二个百年奋斗目标，使命更光荣、任务更艰巨、挑战更严峻，我们更加需要科学理论的指引。

伟大时代产生伟大理论，伟大理论引领伟大实践。习近平新时代中国特色社会主义思想是新时代的伟大创造，是新征程的根本遵循。全面建设社会主义现代化国家、全面推进中华民族伟大复兴，全党全国各族人民必须更加紧密地团结在以习近平同志为核心的党中央周围，全面贯彻习近平新时代中国特色社会主义思想，坚决拥护“两个确立”、做到“两个维护”，始终知责于心、担责于身、履责于行，以奋发有为的精神状态和真抓实干的实际行动，不断推动各项工作迈上新台阶。

● 复兴号动车组列车飞驰在京津冀大地（北京局集团公司党委宣传部供图）

点　睛

坚强核心引领壮阔征程，真理之光引领复兴之路。全面建成小康社会、推动经济行稳致远……探索中国的成功密码，离不开中国共产党的正确领导，离不开核心领袖的领航定向，离不开马克思主义真理的科学指引。

党的十八大以来，中国特色社会主义进入新时代，党和国家面临的形势之复杂、斗争之严峻、改革发展稳定任务之艰巨世所罕见、史所罕见。在关乎党和国家事业兴衰成败的重要时刻，习近平总书记带领全党全军全国各族人民披荆斩棘，建立非凡之功，开创崭新局面。现如今，实现中华民族伟大复兴进入关键时期，尽管前进道路有诸多“拦路虎”“绊脚石”，但有以习近平同志为核心的党中央掌舵领航，百年大党必将用新的伟大奋斗创造新的历史伟业。

思想就是力量。一个民族要走在时代前列，就一刻不能没有理论思维，一刻不能没有思想指引。以习近平同志为核心的党中央立足时代之基、回答时代之问、引领时代之变，以“四个自信”凝聚团结奋斗伟力，以“五位一体”坚持和完善中国特色社会主义事业总体布局，以“四个全面”协调推进战略布局，以中国式现代化全面推进中华民族伟大复兴……这正是习近平新时代中国特色社会主义思想展现出的强大时空贯通力、现实解释力、实践改造力。

作为中华大地最早接受马克思主义熏陶和影响的工人阶级，铁路产业大军始终走在伟大觉醒、理论武装的最前沿，世代赓续始终听党话、永远跟党走的红色基因。在浴血奋战、特大洪灾、雨雪冰冻、抗震救灾、世纪疫情、保通保畅、改革发展等重大考验面前，铁路人义无反顾、奋勇争先，在思想之旗引领下、在火热实践洗礼中，锻造成特别能吃苦、特别能战斗、特别能奉献的铁军。

理论上清醒，政治上才能坚定，行动上才更有力。新时代的铁路人始终把学习贯彻习近平新时代中国特色社会主义思想作为首要政治任务，以真学真信真用、学懂弄通做实为目标，不断用党的创新理论武装头脑、指导实践、推动工作，使中国铁路取得历史性成就、发生历史性变革。

旗帜鲜明讲政治从来不是抽象玄虚的。在铁路人眼中，坚决拥护“两个确立”、做到“两个维护”体现到具体行动和实际工作中，就是传承弘扬始终听党话、永远跟党走的红色基因，认真践行“人民铁路为人民”的根本宗旨，主动肩负国家铁路的政治责任、经济责任、社会责任，深化铁路体制机制改革，科学优质高效推进铁路建设，用心用情服务旅客、货主，不断满足人民群众对美好生活的新期待，全力以赴推动铁路高质量发展，率先实现铁路现代化。

站在新征程的起点上，眺望前方的奋进路，在以习近平同志为核心的党中央的坚强领导下，在习近平新时代中国特色社会主义思想的科学指引下，新时代铁路产业大军踔厉奋发、开拓创新、担当实干，锚定加快建设世界一流铁路企业的目标，扎实推动铁路高质量发展和现代化建设，必将谱写出中国式现代化建设的铁路新篇章。

● 复兴号动车组列车飞驰在杭台高铁椒江特大桥上（设计集团公司党委宣传部供图）

②

关怀篇 • 牢记嘱托担使命

——如何感悟党中央的亲切关怀是推动铁路高质量发展的行动指南和强大动力？

铁路是党领导工人阶级登上中国政治舞台的最早发源地之一，也是党执政兴国最可依靠的“大国重器”。从风雨如晦的革命年代一路走到今天，历史一再证明，党的领导是铁路事业不断发展进步的“定海神针”，鲜红的党旗指向哪里，铁路人奋斗的脚步就迈向哪里。

回望百年前的中国铁路，虽然已经有40多年的发展历程，但仍然弱小得像襁褓中的婴儿。除了詹天佑主持修建的京张铁路等少数几条铁路，中华大地上鲜有中国人自己修建的铁路。铁路运营里程少、等级低、设备落后，路权还多被西方列强霸占。

新中国成立70多年、改革开放40多年以来，铁路在服务保障经济社会发展的同时，自身发展也取得重大进步，成为中国特色社

浩吉铁路横跨黄河（设计集团公司党委宣传部供图）

会主义事业的精彩缩影。特别是进入新时代，我们坚持以习近平总书记对铁路工作的重要指示批示精神为根本遵循，坚决贯彻落实党中央决策部署，推动铁路事业取得历史性成就、发生历史性变革。作为工业革命时期诞生的标志性产业，铁路在 21 世纪的中国焕发出勃勃生机。

百年前的中国铁路，是一幅凋敝破败的景象；新时代的中国铁路，是一派欣欣向荣的气象。中国铁路何以“换了人间”？答案就是中国共产党的领导。

党和国家领导人一直高度重视铁路工作，多次提出殷切期望，给予亲切关怀。1949 年 7 月，在全国铁路职工临时代表会议暨全国机务会议上，毛泽东同志强调要很好地恢复铁路并发展铁路。1975 年，邓小平同志全面主持中央和国务院日常工作后，以铁路整顿作为在经济领域扭转混乱局面的突破口。2001 年 11 月，江泽民同志在石家庄机务段、北京站视察期间，对铁路装备技术成果给予肯定。2011 年 4 月，胡锦涛同志两次乘坐高铁列车，要求铁路系统把科学发展主题和加快转变发展方式主线贯穿到各个方面。特别是党的十八大以来，以习近平同志为核心的党中央极为关心铁路工作，每每在重要节点、关键时刻，习近平总书记都会对铁路工作作出重要指示批示，内容涵盖铁路安全生产、规划建设、运输服务、改革发展、科技创新、服务“一带一路”建设，以及党的建设等各项重点工作，这既为铁路高质量发展提供了思想指引和行动指南，也为铁路事业承前启后、继往开来提供了根本遵循和强大动力。

> **知识链接**
>
> **什么是“大提速”？**
>
> “大提速”是中国铁路的重大事件之一，共有六次，分别是 1997 年 4 月 1 日、1998 年 10 月 1 日、2000 年 10 月 21 日、2001 年 10 月 21 日、2004 年 4 月 18 日、2007 年 4 月 18 日。经过六次大提速，中国铁路既有线提速水平跻身世界先进铁路行列，并探索性预备了中国高速铁路的技术。

安全生产是民生大事

铁路是国民经济大动脉、大众化交通工具，是重大民生工程，也是安全生产的重点行业。确保铁路运输安全特别是确保高铁和旅客列车安全万无一失，既是党中央高度关注的大事要事，也是铁路各级组织和广大干部职工的重大责任和不懈追求，必须认真学习贯彻好习近平总书记对安全生产特别是对铁路安全工作的重要指示批示精神。

党的十八大以来，以习近平同志为核心的党中央高度重视安全生产工作，习近平总书记亲自指挥、亲自部署，对安全生产工作作出一系列重要指示批示。

——关于牢固树立安全发展理念。习近平总书记指出："各级党委和政府、各级领导干部要牢固树立安全发展理念，始终把人民群众生命安全放在第一位，牢牢树立发展不能以牺牲人的生命为代价这个观念。这个观念一定要非常明确、非常强烈、非常坚定。"并强调，"这必须作为一条不可逾越的红线"，"不能要带血的生产总值"。习近平总书记的重要论述深刻阐释了安全发展的重要性，告诫我们必须牢固树立以人民为中心的发展思想，始终坚持人民至上、生命至上，更好统筹发展和安全，切实把安全作为发展的前提、基础和保障。

微视频

理论微课：

坚决守牢国家安全的铁路防线

——关于建立健全最严格的安全生产责任体系。习近平总书记指出："坚持最严格的安全生产制度，什么是最严格？就是要落实责任。""安全生产要坚持党政同责、一岗双责、齐抓共管、失职追责，管行业必须管安全，管业务必须管安全，管生产经营必须管安全。""所有企业都必须认真履行安全生产主体责任，做到安全投入到位、安全培训到位、基础管理到位、应急救援到位，确保安全生产。"习近平总书记的重要论述要求，无论是党委还是地方政府，无论是综合监管部门还是行业主管部门，无论是中央企业还是其他生产经营单位，都必须构建全方位

● 精心组织、精细作业，确保铁路大动脉安全畅通（①～④分别由乌鲁木齐局、广州局、兰州局、昆明局集团公司党委宣传部供图）

的安全生产责任体系，把安全生产责任牢牢扛在肩上，以“时时放心不下”的责任感，抓实抓细工作落实。

——关于深化安全生产领域改革。习近平总书记指出：“推进安全生产领域改革发展，关键是要作出制度性安排，依靠严密的责任体系、严格的法治措施、有效的体制机制、有力的基础保障和完善的系统治理，解决好安全生产领域的突出问题，确保人民群众生命财产安全。”习近平总书记的重要论述，既有安全生产改革的总体要求，也有具体化针对性要求，指导我们要从安全监管最薄弱环节着手，查漏洞、补短板，不断推进安全生产创新发展。

——关于强化依法治理安全生产。习近平总书记指出：“必须强化依法治理，用法治思维和法治手段解决安全生产问题。要坚持依法治理，加快安全生产相关法律法规制定修订，加强安全生产监管执法，强化基层监管力量，着力提高安全生产法治化水平。这是最根本的举措。”没有安全生产的法治化，就没有安全生产治理体系和治理能力的现代化。只有建立完善的安全生产法治体系，采取严格的法治措施，才能从根本上消除对安全生产造成重大影响的非法、违法行为等顽症痼疾，才能真正实现安全生产形势的持续稳定好转。

——关于依靠科技创新提升安全生产水平。习近平总书记指出：“要突破自身发展瓶颈、解决深层次矛盾和问题，根本出路就

● 广州工务大修段开展施工作业（广州局集团公司党委宣传部供图）

在于创新，关键要靠科技力量。”“在煤矿、危化品、道路运输等方面抓紧规划实施一批生命防护工程，积极研发应用一批先进安防技术，切实提高安全发展水平。”习近平总书记的重要论述要求我们，必须把科技创新摆在更加重要的位置，不断提高技防保安全的能力和水平。

——关于加强安全生产源头治理。习近平总书记指出：“要坚持关口前移，加强日常防范，加强源头治理、前端处理，针对暴露出来的问题进行地毯式排查和立体化整治行动，什么问题突出就集中力量解决什么问题。”“要站在人民群众的角度想问题，把重大风险隐患当成事故来对待，守土有责，敢于担当，完善体制，严格监管，让人民群众安心放心。”习近平总书记的重要论述，深刻阐述了安全生产的内在规律，要求我们必须从源头上管控风险、消除隐患，防止风险演变、隐患升级导致事故发生。

——关于完善安全生产应急救援体系。习近平总书记指出，“要认真组织研究应急救援规律”，“提高应急处置能力，强化处突力量建设，确保一旦有事，能够拉得出、用得上、控得住”，“最大限度减少人员伤亡和财产损失”。习近平总书记的重要论述要求我们，必须始终把做好应急救援工作作为安全生产工作的重要内容，持之以恒加强应急能力建设，构建反应迅速、协同高效、应对有力的应急指挥体系，为人民生命财产安全把好最后一道防线。

——关于强化安全生产责任追究。习近平总书记指出：“要强化‘党政同责、一岗双责、失职追责’，追责不要姑息迁就。一个领导干部失职追责，撤了职，看来可惜，但我们更要珍惜的是不幸遇难的几十条、几百条活生生的生命！”“对责任单位和责任人要打到疼处、痛处，让他们真正痛定思痛、痛改前非，有效防止悲剧重演。”习近平总书记的重要论述振聋发聩，警示我们一定要以对党和人民高度负责的态度，时刻把人民群众生命财产安全放在第一位，对发生的事故要汲取血的教训，及时改进制度措施，毫不松懈，一抓到底。

——关于对安全生产必须警钟长鸣、常抓不懈。习近平总书记指出：“安全生产必须警钟长鸣、常抓不懈，丝毫放松不得。”“对安全生产工作，有的东一榔头西一棒子，想抓就抓，高兴了就抓一下，紧锣密鼓。过些日子，又三天打鱼两天晒网，一曝十寒。这样是不行的。要建立长效机制，坚持常、长二字，经常、长期抓下去。”习近平总书记的重要论述要求我们，必须充分认识安全生产工作的艰巨性、复杂性、突发性、长期性，任何时候都不能掉以轻心，要兢兢业业做好安全生产各项工作，掌握安全工作主动权。

——关于加强安全监管监察干部队伍建设。习近平总书记指出：“党的十八大以来，安全监管监察部门广大干部职工贯彻安全发展理念，甘于奉献、扎实工作，为预防生产安全事故作出了重要贡献。”“加强基层安全监管执法队伍建设，制定权力清单和责任清单，督促落实到位。”习近平总书记的重要论述，充分肯定了安全监管监察干部队伍付出的艰辛努力，同时要求我们进一步加强干部队伍建设，规范执法行为，强化责任担当。

铁路安全是国家安全、公共安全的重要领域，事关人民群众生命财产安全，事关党和国家工作大局，事关社会大局稳定。党的

● 齐心协力检修接触网设备（上海局集团公司党委宣传部供图）

十八大以来，习近平总书记先后就高铁运营安全、高铁和普速铁路环境安全、铁路抗震救灾和防汛救灾、突发事件处置、网络安全等多次作出重要指示批示，充分体现了习近平总书记对安全生产工作和保障人民生命财产安全的高度重视，充分体现了人民至上、生命至上的执政理念和深厚的为民情怀、居安思危的责任担当，充分体现了铁路安全在国家安全大局中的重要地位。

2023年1月18日，习近平总书记通过视频连线看望慰问铁路客运干部职工，对做好春运工作作出重要指示。习近平总书记详细询问了郑州东站当时每天的客流量是多少，防疫措施落实得怎么样，春运治安采取了哪些措施。嘱咐他们精心组织调度，严守安全底线，确保广大旅客安全出行。习近平总书记指出："春运是关系人民群众切身利益、关系经济发展和社会稳定的一件大事。今年春运是疫情防控进入新阶段后的第一个春运，客流量大幅回升。交通运输部门要坚决贯彻落实党中央要求，提升保通保畅能力，确保人民群众平安健康出行，确保重点物资运输畅通有序。要坚持底线思维，加强对极端恶劣天气的监测和预警，深入开展安全隐患排查治理，坚决遏制重特大安全事故发生。要加强对出行相对集中的务工流、学生流的服务引导，确保他们节前安全返乡、节后顺利返岗返校。要严格落实各项防控规定，最大限度降低交叉感染几率，保障旅客身体健康。"习近平总书记强调："长期以来，交通运输系统的干部职工埋头苦干，担当奉献，功不可没。"

安全是铁路行业的"生命线"，是一切工作的前提和基础。我们深入学习贯彻习近平总书记关于安全生产特别是对铁路安全工作的重要指示批示精神，就是要站在维护国家政治安全、社会安定、人民安宁的高度认识其重要性，从岗位职责、家庭幸福的角度认识其必要性，坚持总体国家安全观，树牢安全发展理念和安全第一意识，坚守政治红线和职业底线，始终保持"时时放心不下"的责任感，始终保持对安全生产如临深渊、如履薄冰的敬畏感，把安全工作摆在首要位置，全面推进现代化铁路安全保障体系建设，推动铁

● 鲁南高铁接触网验收（济南局集团公司党委宣传部供图）

路安全治理模式由防止事故向超前防控风险转变，以更加精准的工作措施、更加有力的责任落实，坚决确保铁路安全持续稳定，让人民群众的获得感成色更足、幸福感更可持续、安全感更有保障。

◈ 把美丽中国的交通勾画得更美

党的十八大以来，习近平总书记多次视察铁路重点项目建设，先后就铁路规划、高铁建设及规模，重点项目开通运营等多个方面作出重要指示批示。

从一条线到一张网，从“四纵四横”到“八纵八横”，全国路

● 在拉林铁路上运行的复兴号动车组列车穿越花海（青藏集团公司党委宣传部供图）

网规模和质量大幅跃升。现如今，神州大地铁路密布、高铁飞驰，从此山不再高、路不再长。

川藏铁路是习近平总书记亲自谋划、亲自部署、亲自推动的世纪性战略工程。2018 年 10 月，习近平总书记在中央财经委员会第三次会议上强调："规划建设川藏铁路，对国家长治久安和西藏经济社会发展具有重大而深远的意义，一定把这件大事办成办好。"2020 年 11 月，习近平总书记对川藏铁路开工建设作出重要指示，指出："建设川藏铁路是贯彻落实新时代党的治藏方略的一项重大举措，对维护国家统一、促进民族团结、巩固边疆稳定，对推动西部地区特别是川藏两省区经济社会发展，具有十分重要的意义。"习近平总书记强调："川藏铁路沿线地形地质和气候条件复杂、生态环境脆弱，修建难度之大世所罕见，要充分发挥我国社会主义制度能够集中力量办大事的优势，把这一光荣而艰巨的历史任务完成好。国铁集团要落实主体责任，有关单位和川藏两省区要加强协调配合，精心组织实施，广大铁路建设者要发扬‘两路’精神和青藏铁路精神，科学施工、安全施工、绿色施工，高质量推进工程建设，为全面建设社会主义现代化国家作出新的贡献。”

2021 年 6 月 25 日，西藏首条电气化铁路——拉林铁路开通运营，结束了藏东南地区不通火车的历史，将西藏与内地更紧密地联系起来。

2021 年 7 月，习近平总书记实地察看拉林铁路时指出：“规划建设川藏铁路是促进西藏发展和民生改善的一项重大举措，雅林段的地形地质和气候条件更加复杂，修建难度之大世所罕见，要发挥科技创新关键性作用，迎难而上、敢为人先，坚持科学施工、安全施工、绿色施工，建设好这一实现第二个百年奋斗目标进程中的标志性工程。要统筹谋划好西部边疆铁路网建设，充分论证、科学规划，更好服务边疆地区高质量发展和广大人民群众高品质生活。”在乘坐复兴号列车时，习近平总书记召集相关同志，继续深入研究铁路规划问题，由川藏线放眼西部边疆铁路网建设，习近平总书记语重心长地说：“全国的交通地图就像一幅画啊，中国的中部、东部、东北地区都是工笔画，西部留白太大了，将来也要补几笔，把美丽中国的交通勾画得更美。”

站在实现第二个百年奋斗目标的新起点，我们坚信，只要深入学习贯彻习近平总书记对川藏铁路规划建设作出的一系列重要指示

● 雄安站（北京局集团公司党委宣传部供图 · 翟现亭 / 摄）

精神，把川藏铁路作为“头号工程”，大力发扬迎难而上、敢为人先的精神和作风，坚持科学施工、安全施工、绿色施工，就一定能够让这个跨越两个世纪的梦想一点点变成现实。

设立国家级新区河北雄安新区是以习近平同志为核心的党中央作出的重大战略决策，是千年大计、国家大事。京雄城际铁路作为雄安新区第一个开工建设的重大交通基础设施项目，是承载千年大计运输任务、支撑引领国家战略的重要干线。

2019 年 1 月，习近平总书记在雄安新区考察调研期间，与京雄城际铁路雄安站工地的建设者视频连线勉励大家说：“城市建设、经济发展，交通要先行，你们正在为雄安新区建设这个‘千年大计’做着开路先锋的工作，功不可没。希望你们注重安全生产，保质保量，按期完成建设任务。”时隔四年多，2023 年 5 月，习近平总书记再次来到雄安站，先后察看站台、候车大厅、站外广场，了解雄安站建设运营和所在的昝岗片区规划建设情况并指出：“雄安站是雄安新区的交会车站，要进一步完善联通雄安站和雄安新区的交通‘微细血管’，提升人流物流聚集和疏散的效率。要把昝岗片区建设成为高端高新产业集聚区，让各方来客一到雄安，就能感受到雄安新区扑面而来的现代化新气象。”

知识链接

为什么说建设雄安新区是千年大计？

设立雄安新区，是以习近平同志为核心的党中央深入推进京津冀协同发展作出的一项重大决策部署，对于集中疏解北京非首都功能，探索人口经济密集地区优化开发新模式，调整优化京津冀城市布局和空间结构，培育创新驱动发展新引擎，具有重大现实意义和深远历史意义。

习近平总书记的亲切关怀激励着无数铁路人勇创一流。与全国在建的众多铁路项目相比，京雄城际铁路没有复杂的地质环境，也很少穿越繁华的城市街区。面对这个看似普通却意义非凡的铁路项目，是使用常规设计手段和既有标准技术轻车熟路地建成一条普通高铁，还是以开创性、突破性思维和更高标准打造一个示范引领性的时代工程？铁路人牢记习近平总书记的殷殷嘱托，站在服务国家战略和千年大计的高度，果断选择后者，全力打造出又一个精品工程。

媒体聚焦

开通5周年！这条高铁，激活“冰雪经济”！

相较于京雄城际铁路，京张高铁的建设难度要大得多，不仅与北京多条地铁线路交叉或并行，还穿越八达岭长城世界文化遗产核心区。作为我国“八纵八横”高铁网的重要组成部分、2022年北京冬奥会的重要交通保障设施，京张高铁自开工建设到开通运营，习近平总书记都非常关注。2019年12月，习近平总书记对京张高铁开通运营作出重要指示：“1909年，京张铁路建成；2019年，京张高铁通车。从自主设计修建零的突破到世界最先进水平，从时速35公里到350公里，京张线见证了中国铁路的发展，也见证了中国综合国力的飞跃。回望百年历史，更觉京张高铁意义重大。”“京张高铁是北京冬奥会的重要配套工程，其开通运营标志着冬奥会配套建设取得了新进展，其他各项筹备工作也都要高标准、高质量推进，确保冬奥会如期顺利举办。”2021年1月，习近平总书记考察北京冬奥会和冬残奥会筹办工作时强调：“京张高铁承担着联通三大赛区的重任，要抓紧开展运营服务、技术保障、安全保障等测试，及时发现不足、堵塞漏洞，提高精准化、精细化管理和服务水平，为冬奥会期间安全高效运行积累经验、做好充分准备。”

百年跨越，一朝梦圆。京张高铁开通运营，不仅是铁路之变，更将带来发展巨变。这条承载中国人强国情怀的铁路，正树立起铁路强国、民族复兴的又一丰碑。在习近平总书记的亲切关怀下，铁路人必将更加踔厉奋发，未来之中国必将成为引领世界的智能高铁应用国家。

从亲自谋划部署和推动川藏铁路这一世纪性战略工程，到勉励京雄城际铁路建设者当好雄安新区建设的开路先锋，再到点赞京张线见证了中国铁路的发展和中国综合国力的飞跃，习近平总书记的重要指示批示，既指方向、明目标，又交任务、教方法，指引国铁企业立足服务国家战略大局，科学有序推进铁路建设，激励铁路人逢山开路、遇水架桥，创造一个又一个奇迹。在祖国广袤的大地上，一张世界最大的高速铁路网和先进的铁路网将展现在世人面前，以前所未有的深度和广度改变中国、震撼世界。

◈ 打造中国高铁亮丽名片

高铁是交通运输现代化的重要标志，也是一个国家工业化水平的重要体现。习近平总书记对我国高铁发展极为关怀，多次作出重要指示批示，为高铁发展提供了强大动力。

2015 年 7 月，习近平总书记到中国中车长春轨道客车股份有限公司考察，在登上装配完成的高速动车组时指出："高铁动车体现了中国装备制造业水平，在'走出去''一带一路'建设方面也是'抢手货'，是一张亮丽的名片。希望高铁建设再接再厉、创新驱动，继续领跑、勇攀高峰，带动整个装备制造业形成比学赶帮超的局面。"

2017 年 6 月 26 日，具有完全自主知识产权的中国标准动车组复兴号，率先在京沪高铁两端的北京南站和上海虹桥站双向首发。复兴号在技术层面实现的突破，标志着中国制造的新高度和新水平。复兴号绽放出的速度与激情，象征着一个民族奔向伟大复兴目标的矢志不渝。

2024 年 12 月 29 日，CR450 动车组样车正式发布。作为"复兴号"谱系新成员，CR450 动车组强力提升了铁路科技自立自强能力，让中国高铁领跑优势再扩大。

复兴号智能动车组列车驶出雄安站（北京局集团公司党委宣传部供图）

复兴号在中国高铁发展史上留下了浓墨重彩的一笔，也多次得到了习近平总书记的点赞。在2018年新年贺词中，习近平总书记指出：“复兴号奔驰在祖国广袤的大地上。”在2018年5月中国科学院、中国工程院院士大会上，习近平总书记指出：“复兴号高速列车迈出从追赶到领跑的关键一步。”2018年6月，习近平主席同俄罗斯总统普京共同乘坐高铁前往天津，出席中俄友好交流活动时指出：“实际上我现在很喜欢坐火车，火车还是比较舒适一点，再有它机动性比较强一点。”在2019年新年贺词中，习近平总书记指出：“香港进入了全国高铁网。”2021年1月，习近平总书记在视察京张高铁太子城站时对我国高铁建设发展成就给予高度评价，称赞道：“我国自主创新的一个成功范例就是高铁，从无到有，从引进、消化、吸收再创新到自主创新，现在已经领跑世界。要总结经验，继续努力，争取在‘十四五’期间有更大发展。”2024年6月24日，“复兴号高速列车”项目荣获国家科学技术进步奖特等奖，习近平总书记亲自颁奖，并强调“高铁技术树起国际标杆”。

我国高铁发展虽然比发达国家晚40年，但依靠党的领导和新型举国体制优势，特别是在习近平总书记的亲切关怀和勉励下，受到极大鼓舞的新时代铁路人更加昂扬向上、奋勇争先，推动高铁技术树起国际标杆。中国高铁，见证着中国综合国力的飞跃。中国高铁的发展，承载着习近平总书记和党中央的殷切期望。在全面建设社会主义现代化国家、全面推进中华民族伟大复兴的新征程中，中国高铁将以中国速度、中国智造、中国标准继续奔跑下去，不断巩固和扩大领跑世界的优势，为中国式现代化建设贡献铁路力量。

全面提高铁路绿色发展水平

铁路运输有着能耗低、污染小、运量大的优势，铁路多承担一吨运量，就能多节约一份能源、减少一份污染。党的十八大以来，习近平总书记对生态文明建设、调整运输结构等作出一系列重要指示批示，为铁路货运带来了难得的发展机遇和强大的发展动力。

生态文明建设是关系中华民族永续发展的根本大计。习近平总书记一再强调，生态环境保护是功在当代、利在千秋的事业；环境就是民生，青山就是美丽，蓝天也是幸福；保护生态环境就是保护生产力，改善生态环境就是发展生产力，决不以牺牲环境为代价换取一时的经济增长。必须坚持绿水青山就是金山银山的理念，坚持山水林田湖草沙一体化保护和系统治理，像保护眼睛一样保护生态

● 国铁企业积极推进“公转铁”，打好污染防治攻坚战（济南局集团公司党委宣传部供图 · 姜艾勇 / 摄）

环境，像对待生命一样对待生态环境，更加自觉地推进绿色发展、循环发展、低碳发展，坚持走生产发展、生活富裕、生态良好的文明发展道路。

乔司站编组场内，一列列货物列车正在编组（上海局集团公司党委宣传部供图）

铁路是国民经济的大动脉，是综合交通运输体系骨干。在2017年12月召开的中央经济工作会议、2018年4月召开的中央财经委员会第一次会议、2018年5月召开的全国生态环境保护大会上，习近平总书记多次强调，“要调整运输结构”，“减少公路运输量，增加铁路运输量”。这是习近平总书记直接部署给铁路的一项重大政治任务，为深化铁路运输供给侧结构性改革、增加铁路市场份额、推动绿色发展提供了重大机遇。

在党的二十大报告中，习近平总书记指出：“中国式现代化是人与自然和谐共生的现代化。”铁路是世界公认的绿色低碳环保交通方式，在打好污染防治攻坚战、加快发展方式绿色转型中具有重要作用。

2024年2月23日，习近平总书记在主持召开中央财经委员会第四次会议时强调，“必须有效降低全社会物流成本”，“优化运输结构”“强化‘公转铁’”。2024年4月22日，习近平总书记来到重庆铁路集装箱中心站，在听取货物集散、运输路径、运营成

● 万吨重载列车穿越油菜花田（郑州局集团公司党委宣传部供图）

本和效益等介绍时，他强调：“推动西部大开放、促进西部大开发，物流很重要，大家要继续努力，不断创造新的业绩，作出新的贡献。”作为国民经济大动脉和综合交通运输体系骨干，国家铁路要全面深化货运市场化改革、加快推进铁路现代化物流体系建设，提升物流基础设施服务支撑能力，优化物流产品供给，为经济社会高质量发展提供可靠运输保障。

新征程上，国铁企业将持续深入学习贯彻习近平生态文明思想，站在人与自然和谐共生的高度谋划铁路现代化建设工作，把生态优先、节约集约、绿色低碳发展理念贯穿到铁路规划、设计、建设、运营的各方面全过程，深入推进运输结构调整，务实稳妥推进铁路碳达峰、碳中和，加大“公转铁”力度，强化铁路绿色交通骨干作用，协同推进降碳、减污、扩绿、增长，全面提高铁路绿色发展水平。

为高质量共建“一带一路”发挥铁路作用

党的十八大以来，对于中欧班列这一共建“一带一路”的旗舰项目和标志性品牌，习近平总书记始终牵挂于心、关怀备至，对发挥中欧班列战略通道作用作出一系列重要指示批示。

2014 年 3 月，国家主席习近平在参观德国杜伊斯堡港时指出：“中德位于丝绸之路经济带两端，是亚欧两大经济体和增长极，也是渝新欧铁路的起点和终点。两国应该加强合作，推进丝绸之路经济带建设。”

2014 年 5 月，习近平总书记来到郑州国际陆港视察，详细了解郑州建设物流枢纽、中欧铁路物流中心情况。听说郑州始发的中欧班列一周两班，他回忆起在德国杜伊斯堡港察看渝新欧货运班列的情景时指出：“希望班列越来越频密。”

2016 年 6 月，国家主席习近平在华沙同波兰总统杜达举行会谈时指出：“希望以中欧班列为代表的合作项目能够在双方共建‘一带一路’过程中发挥带头作用，推动中波互联互通和产能合

● 中欧班列服务共建“一带一路”（①②分别由郑州局、北京局集团公司党委宣传部供图）

作。”2017 年 5 月，国家主席习近平在“一带一路”国际合作高峰论坛开幕式上强调：“我们和相关国家一道共同加速推进雅万高铁、中老铁路、亚吉铁路、匈塞铁路等项目，建设瓜达尔港、比雷埃夫斯港等港口，规划实施一大批互联互通项目。”“中国同有关国家的铁路部门将签署深化中欧班列合作协议。”

2018 年 11 月，在对西班牙进行国事访问之际，国家主席习近平发表署名文章指出：“连接义乌和马德里的中欧班列为两国货物运输提供更多选择，成为共建‘一带一路’的早期收获。”

2019 年 1 月，国家主席习近平在同芬兰总统尼尼斯托会谈时指出：“要充分利用中欧班列等带来的便利条件，促进双向贸易，开展三方合作，探讨在北极航道开发等项目上的合作机遇，共建‘冰上丝绸之路’，促进亚欧大陆互联互通。”

2019 年 4 月，国家主席习近平在第二届“一带一路”国际合作高峰论坛上提出，中国将深入对接各国和国际组织经济发展倡议和规划，“建设中欧班列、陆海新通道等国际物流和贸易大通道，帮助更多国家提升互联互通水平”。

2021 年 2 月，国家主席习近平在中国—中东欧国家领导人峰会上指出：“要携手高质量共建‘一带一路’，加快推进匈塞铁路等大项目建设，继续支持中欧班列发展，充分挖掘合作潜力。”

“从‘大写意’到‘工笔画’，硕果累累。

媒体聚焦

中欧班列历年累计开行突破 11 万列

中老铁路是“一带一路”共商合作、共建项目、共享红利的生动例证（昆明局集团公司党委宣传部供图）

‘一桥飞架南北，天堑变通途’。过去是内陆的一个省份，现在有了‘一带一路’就不同了。这里不再是边远地带，而是成为一个核心地带，成为一个枢纽地带。你们在做具有历史意义的事情。”2022年7月，习近平总书记在新疆考察时来到乌鲁木齐国际陆港区，通过实时画面察看中欧班列（乌鲁木齐）集结中心各功能区和阿拉山口口岸、霍尔果斯口岸现场作业情况，并同铁路货运窗口工作人员等亲切交流。

2023年5月，国家主席习近平在中国—中亚峰会上指出：“日夜兼程的中欧班列，不绝于途的货运汽车，往来不歇的空中航班，就是当代的‘驼队’。”“加强中欧班列集结中心建设，鼓励优势企业在中亚国家建设海外仓，构建综合数字服务平台。”

2023年10月，国家主席习近平在第三届“一带一路”国际合作高峰论坛开幕式上指出，“中方将加快推进中欧班列高质量发展，参与跨里海国际运输走廊建设”，“会同各方搭建以铁路、公路直达运输为支撑的亚欧大陆物流新通道。积极推进‘丝路海运’港航贸一体化发展，加快陆海新通道、空中丝绸之路建设”。

打造黄金线路，造福各国人民。2021 年 12 月 3 日，在中老两国最高领导人亲自推动下，作为两国互利合作旗舰项目的中老铁路正式开通。中共中央总书记、国家主席习近平在通车仪式上向世界庄严宣告：“中老铁路是两国互利合作的旗舰项目。铁路一通，昆明到万象从此山不再高、路不再长。双方要再接再厉、善作善成，把铁路维护好、运营好，把沿线开发好、建设好，打造黄金线路，造福两国民众。”2022 年 11 月，中共中央总书记、国家主席习近平在与老挝革命党中央总书记、国家主席通伦举行会谈时强调：“中老两国山同脉、水同源，自古以来亲仁善邻。2019 年 4 月关于构建中老命运共同体行动计划签署以来，中老双方凝心聚力，推动中老命运共同体建设取得丰硕成果，特别是将中老铁路打造成为中老人民的发展路、幸福路、友谊路，不仅为两国人民带来巨大福祉，也为共建‘一带一路’和推动构建人类命运共同体提供了示范。”

媒体聚焦

中老铁路开通运营满三年！累计发送旅客超 4300 万人次

时间与空间距离的缩短，让中老命运共同体在中老铁路这一“硬联通”的加持下更加牢固，老挝人民得以实现铁路梦，老挝“陆锁”短板转为“枢纽”优势。全长 1000 多公里的中老铁路南连泰国、马来西亚、新加坡，东西辐射泛亚铁路网东西两线，北接中欧班列，已成为地区互联互通的“加速器”和经济合作的“新引擎”。

【延伸阅读】

中国高铁，复兴道路上的亮丽名片！

雅万高铁连接印尼首都雅加达和旅游名城万隆，全长 142 公里，最高设计时速 350 公里，是中国高铁全系统、全要素、全产业链走出国门的“第一单”，也是中印尼高质量共建“一带一路”的旗舰项目。2016 年 1 月，国家主席习近平向印尼总统佐科致信祝贺雅万高铁项目动工时指出：“合作建设雅万高铁是双方达成的重要共识，也是中印尼战略对接的重大早期收获。作为印尼和东南亚第一条高速铁路，雅万高铁将有力带动沿线地区打造‘雅万高铁经济带’。雅万高铁项目的成功实施，创造了中印尼务实合作的新纪录，将为两国各领域合作特别是基础设施和产能领域的合作树立新的标杆。希望双方再接再厉、密切合作，确保项目顺利实施、按期完工，使之成为中印尼开展互利合作的成功范例。”2022 年 7 月，国家主席习近平在北京同印尼总统佐科举行会谈时强调：“双方要推动高质量共建‘一带一路’合作不断走向深入，结出更多硕果。力争如期高质量建成雅万高铁。”2022 年 11 月 16 日，国家主席习近平和印尼总统佐科共同视频观摩了雅万高铁试验运行。

2023 年 10 月 17 日 16 时 35 分，G1137 次动车组列车从雅加达哈利姆车站驶出，雅万高铁正式开通运营。这不仅标志印尼迈入高

2023 年 10 月 17 日，雅万高铁正式开通运营，开通当天旅客与动车组合影留念（设计集团公司党委宣传部供图）

铁时代，更是中印尼共建“一带一路”取得的重大标志性成果。雅万高铁正式开通运营后，雅加达至万隆的行程时间由 3 个多小时缩短至 40 多分钟，极大改善了当地的交通条件，便利了沿线民众出行，带动了商业开发和旅游产业的发展。为区域经济社会发展注入加速度、提供新动力，对深化中印尼两国务实合作、加快推进中印尼命运共同体“实景图”建设具有重要意义。

2024年6月，中国—吉尔吉斯斯坦—乌兹别克斯坦铁路项目三国政府间协定签字仪式在北京举行。国家主席习近平视频祝贺协定签署时指出："中吉乌铁路是中国同中亚互联互通的战略性项目，是三国共建'一带一路'合作的标志性工程。"2024年12月，中吉乌铁路项目启动仪式在吉尔吉斯斯坦贾拉拉巴德市举行。国家主席习近平向启动仪式致贺信，指出："建设中吉乌铁路是三国政府着眼区域互联互通、促进地区繁荣稳定作出的战略决策，彰显了三国人民对打通这条战略通道的美好愿望。""希望三国有关部门和企业通力合作，高标准、高质量推进工程建设，努力把中吉乌铁路打造成为共建'一带一路'合作新的示范项目，更好助力沿线地区经济社会发展和民生福祉改善，为构建更加紧密的中国—中亚命运共同体注入新动力。"

一轨跨山河，大道向未来。2023年12月，中越两国发布联合声明提出，推动中越跨境标准轨铁路联通。2024年8月，中越领导人见证并签署了多项双边合作文件，其中就有双方关心的两国铁路互联互通。2025年4月，中共中央总书记、国家主席习近平在越共中央驻地同越共中央总书记苏林举行会谈并明确提出，"拓展更高质量的互利合作"，"尽早实现双方标准轨铁路"。两国领导人共同见证了中越铁路合作机制启动仪式。

中央有号召，铁路有行动。未来，国铁企业定会更加自信地推动中欧班列与西部陆海新通道班列高质量发展，扎实推进中泰铁路、匈塞铁路、中吉乌铁路等项目建设，不断提升铁路"走出去"水平，更好服务高水平对外开放。

点　睛

新时代中国铁路的发展，无不饱含着以习近平同志为核心的党中央的亲切关怀。党的十八大以来，习近平总书记对铁路事业极为关心，每每在重要节点、关键时刻，都会对铁路工作作出重要指示批示。

这是砥砺奋进的方向指引，是创新创造的动力源泉。从指出“复兴号奔驰在祖国广袤的大地上”“复兴号高速列车迈出从追赶到领跑的关键一步”，到肯定“高铁动车体现了中国装备制造业水平”“我国自主创新的一个成功范例就是高铁”“高铁技术树起国际标杆”；从强调规划建设川藏铁路“对国家长治久安和西藏经济社会发展具有重大而深远的意义”“是促进西藏发展和民生改善的一项重大举措”，到要求“一定把这件大事办成办好”“建设好这一实现第二个百年奋斗目标进程中的标志性工程”；从勉励京雄城际铁路建设者“正在为雄安新区建设这个‘千年大计’做着开路先锋的工作，功不可没”，到鼓励中欧班列（乌鲁木齐）集结中心工作人员“做的是具有历史意义的事情，已经取得很好的成绩，再接再厉，前途光明”……习近平总书记的一系列重要指示批示，为铁路发展指明了前进方向、明确了重点任务，是国铁企业必须长期坚持的政治准则、思想准则和行动准则。

实践让我们更加深刻领悟到习近平总书记的掌舵领航是我们最大的信心和力量所在，更加深切体会到核心就是力量、核心就是方向，只要我们增强“四个意识”、坚定“四个自信”、做到“两个维护”，始终同以习近平同志为核心的党中央保持高度一致，坚决按照习近平总书记关于铁路工作的重要指示批示精神抓落实，就没有克服不了的困难，就没有战胜不了的挑战。

知是行之始，行是知之成。习近平总书记对铁路工作的重要指示批示，是习近平新时代中国特色社会主义思想的“铁路篇”，是做好铁路各项工作、推动铁路高质量发展的根本遵循。以更高的政治站位、更强烈的政治责任担当、更严格的政治标准、更有力的政治举措、更强的政治执行力，学习好、领会好、落实好习近平总书记对铁路工作的重要指示批示精神，就是要进一步提高政治站位、凝聚思想共识，确保国铁企业各项事业始终朝着正确方向不断向前。

新时代是奋斗者的时代。在率先实现铁路现代化的新征程上，我们应当以习近平总书记的亲切关怀、殷切期望为动力，增强投身复兴伟业、担当历史使命的思想自觉和行动自觉，以奋斗者的姿态，干一行爱一行、钻一行精一行，以勤学长知识、以苦练精技术、以创新求突破，努力成为安全标兵、创效能手、服务明星、改革先锋、创新模范、“时代楷模”，在铁路安全、运输、经营、服务、建设等岗位上书写精彩人生，为推动铁路高质量发展作出应有的贡献。

向第二个百年奋斗目标进军的号角已经吹响，永远以党的旗帜为旗帜，以党的方向为方向，以党的意志为意志，在新征程上赢得更加伟大的胜利和荣光，接力棒就在我们手中。相信，有习近平总书记掌舵领航和对铁路工作的亲切关怀，新时代铁路产业大军必将踔厉奋发、勇毅前行，加快建设世界一流铁路企业，推动铁路高质量发展，率先实现铁路现代化，更好服务和支撑中国式现代化。

● 新成昆铁路（成都局集团公司党委宣传部供图 · 张建忠 / 摄）

3

成就篇 · 长路当歌铸辉煌

——如何看待新时代中国铁路的历史性成就和历史性变革？

全面建成小康社会，成功应对世纪疫情，“嫦娥”“祝融”逐梦苍穹，梦想号探秘大洋，南极秦岭站崛起冰原，复兴号奔驰在祖国广袤的大地上……党的十八大以来，一个个梦想照进现实，中国现代化建设取得全方位发展成就，每一步都在书写历史、创造奇迹。

党的二十大上，习近平总书记指出：“新时代10年的伟大变革，在党史、新中国史、改革开放史、社会主义发展史、中华民族发展史上具有里程碑意义。”党的二十大报告以“3 + 16 + 4”的结构，全面回顾总结新时代的伟大成就、伟大变革。

“3”就是我们经历了对党和人民事业具有重大现实意义和深远历史意义的3件大事：一是迎来中国共产党成立一百周年，二是中国特色社会主义进入新时代，三是完成脱贫攻坚、全面建成小康社会的历史任务，实现第一个百年奋斗目标。这是中国共产党和中国人民团结奋斗赢得的历史性胜利，是彪炳中华民族发展史册的历史性胜利，也是对世界具有深远影响的历史性胜利。

“16”就是党和国家事业发展16个方面的历史性成就和历史性变革，主要包括：创立了习近平新时代中国特色社会主义思想；全面加强党的领导；对新时代党和国家事业发展作出科学完整的战略部署；经过接续奋斗，实现了小康这个中华民族的千年梦想；提出并贯彻新发展理念；以巨大的政治勇气全面深化改革；实行更加积极主动的开放战略；坚持走中国特色社会主义政治发展道路；确立和坚持马克思主义在意识形态领域指导地位的根本制度；深入贯彻以人民为中心的发展思想；坚持绿水青山就是金山银山的理念；贯彻总体国家安全观；确立党在新时代的强军目标；全面准确推进“一国两制”实践；全面推进中国特色大国外交；深入推进全面从严治党。

媒体聚焦

百年梦圆，解锁中国铁路的16万公里密码

“4”就是新时代的伟大变革，在党史、新中国史、改革开放史、社会主义发展史、中华民族发展史上的4个方面里程碑意义，即：中国共产党在革命性锻造中更加坚强有力；中国人民焕发出更为强烈的历史自觉和主动精神；实现中华民族伟大复兴进入了不可逆转的历史进程；科学社会主义在21世纪的中国焕发出新的蓬勃生机。

党的二十届三中全会高度评价新时代以来全面深化改革的成功

实践和伟大成就，以习近平同志为核心的党中央团结带领全党全军全国各族人民，以伟大的历史主动、巨大的政治勇气、强烈的责任担当，全面推进改革开放，许多领域实现历史性变革、系统性重塑、整体性重构，全面深化改革取得重大历史性成就，推动我国迈上全面建设社会主义现代化国家新征程。

铁路是国家战略性、先导性、关键性重大基础设施，是综合交通运输体系骨干和国民经济大动脉。党的十八大以来，在党的领导下，中国铁路事业取得历史性成就、发生历史性变革，成为新时代中国特色社会主义事业的精彩缩影。新时代，无论是运营里程还是运营速度，无论是技术装备还是服务质量，中国铁路都昂首进入世界前列。

国家铁路的战略定位和作用更加突出

国有企业是中国特色社会主义的重要物质基础和政治基础，是党执政兴国的重要支柱和依靠力量。作为国家铁路、人民铁路，国铁企业始终立足“两个大局”，胸怀“国之大者”，主动担当作为，在服务党和国家工作大局中，展现出了更大的作为。

建成了世界最大的高速铁路网和先进的铁路网，更好服务国家重大战略和经济社会发展。进入新时代以来，是历史上铁路建设规模最大、新线投产最多、能力提升最快的时期。新时代前 10 年，全国铁路固定资产投资完成 7.7 万亿元，是上个 10 年的 1.9 倍；全国铁路营业里程由 9.8 万公里增加到 15.5 万公里，增长 58.2%；特

全国铁路网示意图
俄　罗
哈　萨　克　斯　坦
吉　尔　吉　斯　斯　坦
塔　吉　克　斯　坦
阿　富　汗
巴　基　斯　坦
印
度
尼　泊　尔
不　丹
孟加拉国
缅　甸
老　挝
泰　国
越　南
蒙
克　什　米　尔
孟　加　拉　湾
比什凯克
杜尚别
伊斯兰堡
新德里
加德满都
廷布
达卡
内比都
河内
万象
乌鲁木齐
拉萨
西宁
兰州
成都
重庆
昆明
贵阳
阿拉山口
博乐
精河
奎屯
石河子
吐鲁番
哈密
库尔勒
阿克苏
喀什
莎车
叶城
和田
若羌
罗布泊
敦煌
柳沟
嘉峪关
酒泉
张掖
武威
格尔木
德令哈
南山口
不冻泉
唐古拉山口
安多
那曲
当雄
羊八井
日喀则
林芝
玉树
大理
图　例
首　都
省级行政中心
城　镇
(外国一般城市)
外国首都
国　界
省　界
既有高速铁路通道
既有高铁连接线、城际铁路
既有普通铁路
国外铁路
山　口
本图上中国国界线系按照中国地图出版社1989年
出版的1:400万《中华人民共和国地形图》绘制

北京
天津
石家庄
太原
呼和浩特
哈尔滨
长春
沈阳
济南
郑州
西安
南京
合肥
上海
杭州
武汉
南昌
长沙
福州
台北
广州
香港
澳门
南宁
海口
银川
乌兰巴托
平壤
首尔
东京
朝
鲜
韩
国
日
本
斯
古
日本海
渤
海
黄
海
东
海
南
海
太
平
洋
台湾岛
海南岛
东沙群岛
舟山群岛
钓鱼岛
赤尾屿
菲律宾
南海诸岛
西沙群岛
中沙群岛
马尼拉
斯里巴加湾市
河内

别是高铁由0.9万公里增加到4.2万公里，增长366.7%，“四纵四横”高铁网提前建成，“八纵八横”高铁网加密成型，高铁里程超过了世界其他国家高铁里程的总和，发展速度之快、质量之高令世界惊叹。截至2024年底，全国铁路营业里程达到了16.2万公里，其中高铁营业里程4.8万公里，路网规模更大、布局更优、质量更高。俯瞰中华大地，一幅美丽的铁路网工笔画徐徐铺开：在华北平原，京张高铁、京雄城际铁路等重点项目高质量开通运营，有力支撑京津冀协同发展和雄安新区建设；在东海之滨，沪苏通、徐盐、沪杭、福厦、杭温高铁等铁路纵横交错，助力长三角一体化发展；在岭南大地，广深港高铁、广珠城际铁路、江湛高铁、京港高铁赣深段、厦深高铁等线路四通八达，高效服务粤港澳大湾区建设；在西部边疆地区，川藏铁路拉林段、格库铁路、阿富准铁路、和若铁路、贵南高铁、丽香铁路等建成通车，为西部交通网留白绘图添彩；还有世界首条高寒高铁哈大高铁，世界首条环岛高铁海南环岛高铁，我国东西向最长高铁沪昆高铁，连接中原、楚汉、巴蜀的郑渝高铁，承担“北煤南运”大通道任务的浩吉铁路……逢山开路、遇水架桥，国铁企业全力以赴把习近平总书记对铁路工作的重要指示批示精神落到实处，把人民群众的期盼向往变为现实。

中国铁路“走出去”服务“一带一路”建设和国际产能合作成果丰硕。进入新时代，中国铁路“走出去”的步伐不断加快，足迹遍及亚洲、欧洲、美洲和非洲，成为“一带一路”建设和国际产能合作的一张亮丽名片，也为全球发展事业贡献了中国力量。境外铁路工程项目成果显著，中老铁路、匈塞铁路贝诺段、巴基斯坦拉合尔轨道交通橙线、雅万高铁等项目建成运营。2024 年 6 月 7 日，中国研制的匈塞铁路高速动车组在塞尔维亚首次亮相，这是中国铁路技术装备与欧盟铁路互联互通技术规范（TSI）对接取得的又一重要成果，标志着中国高速动车组首次进入欧洲。铁路不仅带去了中国的产品、技术和服务，也为相关国家创造了大量就业岗位、更多发展机遇，谱写出国与国合作共赢的新篇章。截至 2024 年 12 月 2 日，中老铁路开通运营满三年，运输安全保持稳定，累计发送旅客超 4300 万人次、运输货物 4830 万吨，黄金大通道效应日益凸显，为推进中老经济走廊建设、构建中老命运共同体注入强劲动能。2025 年 4 月 13 日，中老铁路国际旅客列车迎来开行两周年，两年来，累计发送旅客 191 万人次，其中跨境旅客 48.7 万人次，覆盖全球 112 个国家和地区，有力促进了中老两国人员往来、经贸合作与人文交流。雅万高铁开通运营以来，客流呈现强劲增长态势，截至 2025 年 6 月 25 日，累计开行旅客列车 29778 列，发送旅客超 1000 万人次，动车组列车安全运行超 463 万公里，持续提升运输效率和服务品质，服务沿线人民便捷出行，不断擦亮中印尼共建

● 中欧班列从二连浩特驶过国门（呼和浩特局集团公司党委宣传部供图）

“一带一路”合作的“金字招牌”。截至2025年6月，中欧班列累计开行突破11万列，发送货值超4500亿美元，货物品类已拓展到53个门类5万余种商品，联通中国境内128座城市，连接亚洲11个国家超过100座城市，通达欧洲26个国家229座城市，成为具有强大辐射力、带动力和影响力的国际物流品牌。西部陆海新通道互联互通水平不断提高，物流服务水平和运行效率持续提升，成为《区域全面经济伙伴关系协定》（RCEP）框架下连接中国与东盟地区最快速、最便捷的运输通道，截至2025年3月，辐射127个国家和地区的560个港口，运输货物品类超1150种，并与中欧班列完美衔接形成了跨越中国东通西达的完整环线。新冠疫情发生后，中欧班列、西部陆海新通道班列积极承接海运、空运转移货源，成为各国携手抗疫的“生命通道”和“命运纽带”。

【名词解读】

什么是《区域全面经济伙伴关系协定》？

《区域全面经济伙伴关系协定》英译缩写为RCEP，是2012年由东盟发起，包括中国、日本、韩国、澳大利亚、新西兰和东盟十国共15方成员制定的亚太地区规模最大、最重要的自由贸易协定谈判，达成后将覆盖世界近一半人口和近三分之一贸易量，成为世界上涵盖人口最多、成员构成最多元、发展最具活力的自由贸易区。

为脱贫攻坚和乡村振兴注入“铁动能”。党的十八大以来，围绕贯彻落实党中央关于脱贫攻坚和乡村振兴的决策部署，国铁集团充分发挥铁路优势，持续加大铁路建设、运输、消费、就业等帮扶力度，取得积极成效。建设帮扶方面，革命老区、民族地区、边疆地区和脱贫地区铁路投资5.3万亿元、占总投资的80%，投产新线5.1万公里，覆

● 国铁集团定点帮扶的河南省洛阳市栾川县新南村“铁路小镇”（郑州局集团公司党委宣传部供图）

盖300多个脱贫县，其中147个县结束了不通铁路的历史，目前铁路网 + 无轨站已惠及760多个脱贫县，服务乡镇客货车站达1600多个。运输帮扶方面，优化脱贫地区高铁和普铁列车开行方案，提升公益性“慢火车”开行质量，开行“务工”“助学”“健康”“科技”等特色专列和“乡村振兴号”旅游列车，铺画乡村振兴班列线21条，加大脱贫地区重点物资运输支持保障力度，累计发送旅客10.8亿人、货物48.9亿吨，减免运费119.5亿元。定点帮扶方面，全路累计向定点帮扶地区投入帮扶资金23亿元（含物资捐赠、宣传折算等），派驻帮扶干部500余人，陆续实施600余个项目，打造了栾川县“铁路小镇”经济示范带、勉县农文旅融合产业集群、原州区万亩冷凉果蔬基地、和田县火车头特色食品加工产业园等一批示范项目。持续巩固拓展消费、就业帮扶成效，搭平台、创机制、打品牌，创新形成“产运销一体化 + 农文旅融合”铁路消费帮扶模式，累计完成消费帮扶42.6亿元，帮助71.5万余名脱贫群众就业。铁路帮扶工作在中央单位定点帮扶考核中连续7年获得“好”的等次，2个案例入选全球最佳减贫案例，14个案例入选全国优秀典型案例，先后获全国脱贫攻坚先进集体、全国脱贫攻坚奖组织创新奖、全国企业管理创新成果一等奖等。

铁路运输能力和服务质量大幅提升

通则畅，畅则兴。新时代，国铁企业始终坚守“人民铁路为人民”的初心和使命，主动承担社会责任，自觉把社会效益放在首位，深化运输供给侧结构性改革，显著改善了人民群众出行和货运条件，铁路成为广大人民群众获得感最强、最直接的行业之一。

在货运方面，坚决落实关于调整运输结构、降低全社会物流成本的部署要求，持续提升货运供给质量和保障能力。新时代前10年，国家铁路完成货物发送量324亿吨，较上个10年增长21.7%。2024年，国家铁路完成货物发送量39.9亿吨，再创历史新高。国铁企业充分发挥全国铁路“一张网”和集中统一调度指挥的优势，对煤炭、化肥、农药、粮食、防汛救灾物资等关系国计民生的重点物资实行精准保供，彰显货畅其流保民生的“铁担当”。推动货运向现代物流转型，大力发展“总对总”营销和物流总包，2024年签订物流总包运量5.4亿吨；构建快捷物流产品体系，推广多式联运“一单制”“一箱制”，开

> **知识链接**
>
> **中国铁路货运服务平台——95306**
>
> 2015年，铁路95306网站上线，大大提升了铁路货运便利化程度；2021年底，新版95306平台上线；2022年，全面实现货运集中办理，已具备24小时网上办货、精准追踪货物、电子支付运费、在线理赔等功能。

● 满载煤炭的列车整装待发（郑州局集团公司党委宣传部供图）

● 电子客票极大地方便了旅客出行（北京局集团公司党委宣传部供图 · 徐强 / 摄）

行跨局货运班列运行线达 387 条；推进货运价格市场化改革，2024 年全年实施市场化浮动运价的运量占总运量的 58%，铁路直接让利达 600 亿元；推动物流服务提质升级，铁路 95306 平台自上线以来，功能逐步丰富完善，让货主不再东奔西走。自 2021 年 12 月至 2024 年底，线上累计办理货运业务 2.8 亿单，涉及货物发送量 150 亿吨，每年可为货主企业节省综合成本 10 亿元以上。推动“站到站”向“门到门”全程物流转变，2024 年，中国铁路网络货运物流平台上线，吸引入驻社会车辆 1.2 万辆；创新铁路物流金融服务，帮助 645 家客户获得授信融资总额 175 亿元，其中 80% 以上为小微企业。同时，国铁企业坚持绿色发展理念，务实稳妥推进铁路碳达峰碳中和，持续推进“公转铁”“散改集”运输，助力打赢污染防治攻坚战，铁路货运量占全国货运量比重明显提升。

在客运方面，实现旅客出行从“走得了”向“走得好”转变。新时代前 10 年，国家铁路完成旅客发送量 259.1 亿人，较上个 10 年增长 86.8%。客运供给能力成倍提升，图定旅客列车开行对数由

2012年底的2224.5对提升到2024年底的5649.5对，增长154%，客车覆盖99%的20万人口以上城市，特别是高铁覆盖97%的50万人口以上城市。2024年，国家铁路完成旅客发送量40.8亿人，高峰日发送旅客突破2144.8万人，日均发送旅客突破1100万人，全年和高峰日旅客发送量均创历史新高。复兴号覆盖了我国31个省区市，有力缩短了城市之间的时空距离，形成了以复兴号动车组列车为引领，不同速度等级、高普互补、品类齐全、结构合理、供给充分的旅客列车产品谱系。常态化实施“一季一图”和“一日一图”，有针对性地开行务工专列、学生专列、旅游专列等，最大限度满足旅客出行需求，旅客“一票难求”现象得到有效缓解。线上服务与线下服务无缝衔接，铁路12306售票系统功能持续优化，如今能够从容应对超2000亿次的高峰日访问量，最高日售票量2600多万张，旅客在窗口彻夜排队购票成为历史，足不出户即可指尖购票，还可享受在线选座（铺）、候补购票、接续换乘、网络订餐、购票需求预填、火车票起售提醒订阅、学生预约购票、开具电子发票等服务。同时，铁路客票完成从软纸式车票、磁介质车票到电子客票的精彩蝶变，配合“刷脸进站”，极大地方便了旅客出行。客运服务质量全面提升，来到铁路客运车站，绿色通道、便

媒体聚焦

铁路客运电子发票开具超过1000万张

静音车厢，“静”到什么程度合适？

捷换乘通道等“畅通工程”方便旅客通行，商务旅客候车专区、重点旅客候车区、儿童候车娱乐区、军人候车区和母婴哺乳室“四区一室”提供了更加人性化的服务；登上客运列车，旅客以往只能选择吃泡面的情况少了很多，现在不仅能到餐车就餐，还能网上订餐、快速送达，还有“静音车厢”等服务为旅客提供了更加安静舒适的乘车环境；“厕所革命”使卫生环境更好，无障碍厕所方便了行动不便的旅客，客运服务水平有了质的跃升，乘坐火车逐渐成为广大人民群众出行的首选交通方式。2025 年“五一”假期，全国铁路累计发送旅客 1.12 亿人次，5 月 1 日当天，全国铁路旅客发送量达 2311.9 万人次，创单日旅客发送量历史新高。

◈ 铁路安全进入较为稳定的历史时期

铁路安全是国家安全、公共安全的重要领域，事关人民群众生命财产安全，事关党和国家工作大局，事关社会大局稳定。国铁企业始终坚持人民至上、生命至上，践行总体国家安全观，树牢大安全意识，更好统筹高质量发展和高水平安全，努力提升铁路本质安全水平。新时代前 10 年，在铁路营业里程持续增长的情况下，全国铁路杜绝了重特大铁路交通事故和造成旅客死亡的责任行车事故，铁路责任行车事故、作业人员责任死亡人数、路外死亡人数较上个

【延伸阅读】

据国际铁路联盟数据显示，我国铁路旅客 10 亿人公里死亡率年均为 0.015，而德国为 0.06、法国为 0.07、英国为 0.02、日本为 0.15，我国铁路是世界公认最安全的铁路。

● 把确保铁路安全万无一失的要求落实到各个岗位和每次作业（①②由南昌局集团公司党委宣传部供图；③④由济南局集团公司党委宣传部供图）

10 年分别下降 61.4%、50.1%、76.0%。2024 年，有效应对 44 轮大范围强降雨、6 次强台风及雨雪冰冻等恶劣天气考验，全路没有发生重大及以上铁路交通事故，铁路行车事故件数同比下降 18%。

确保铁路安全稳定的政治站位持续提高。全路上下时刻对标对表习近平总书记关于安全生产的重要论述，始终保持对安全工作“时时放心不下”的责任感、使命感、紧迫感，充分认识安全是铁路事业的生命线，是铁路一切工作的前提和基础，把抓好安全作为首要政治任务，更加自觉地把维护旅客生命安全的责任和措施落实到铁路运输生产全过程各环节，确保高铁和旅客列车安全万无一失。同时，坚定落实铁路在维护国家政权安全、制度安全、意识形态安全，服务保障国家粮食安全、能源安全、产业链供应链安全等方面的政治责任，以实际行动拥护“两个确立”、做到“两个维护”。

安全责任和安全基础不断强化。国铁企业坚持严字当头、铁的纪律，以全方位、全覆盖的安全生产责任体系为抓手，逐级压实责任、逐项落实工作，200 万铁路人已成为一支依令而动、服从指挥、统一步调、上下联动、反应敏捷的高素质产业大军。全路上下坚持把强化安全基础作为安全工作的治本之策，深化安全生产治本攻坚三年行动，坚持抓基层、打基础、强基本、补短板、强弱项、建机制，不断推进安全生产法治化、标准化、规范化进程，全面夯实本质安全基础，管理基础、人员素质、设备质量等得到了全面提升。

风险预防和安全治理能力稳步提升。全路上下坚持主动预防、超前防范、源头治理，从工作理念和措施入手，推动由防止事故向超前防控风险转变，安全风险分级管控和隐患排查治理双重预防机制构建完成，对铁路安全风险全区域性、全系统性、全周期性和全天候性特点的把握更加精准，对关键环节、薄弱环节、结合部环节的把控更加严格，有效防范和化解各类“灰犀牛”“黑天鹅”事件的能力进一步强化。坚持系统观念，

【名词解读】

什么是“灰犀牛”“黑天鹅”事件？

“灰犀牛”是指明显的、高概率的却又屡屡被人忽视、最终有可能酿成大危机的事件。

“黑天鹅”是指难以预测，但突然发生时会引起连锁反应、带来巨大负面影响的小概率事件。

建立健全铁路安全治理体系，人防、物防、技防能力持续提升，路内外资源力量得到更好统筹利用，综合运用法律、行政、经济、科技、教育等手段加强安全管理的水平不断提升。顺利完成铁路沿线安全环境整治三年行动，深化铁路安全基础建设三年行动，积极推动铁路安全地方立法，31 个省区市出台铁路安全地方性法规规章，强化了国铁企业与地方政府共保安全的合力。

◈ 中国铁路总体技术水平迈入世界先进行列

新时代，国铁企业坚持需求牵引和目标导向，积极推进高速、高原、高寒、重载铁路和智能高铁等技术创新取得丰硕成果，推动我国铁路科技自立自强能力不断提高，铁路新质生产力加快形成，总体技术水平迈入世界先进行列。

复兴号领跑世界。复兴号系列化产品体系更加完善，时速 160

● 复兴号高速综合检测列车行驶在福厦高铁湄洲湾跨海大桥（南昌局集团公司党委宣传部供图）

公里至350公里复兴号全系列动车组列车全部投入使用，时速400公里跨国互联互通高速动车组列车成功下线，时速600公里高速磁悬浮试验样车成功试验，全球最快高铁列车——CR450动车组完成样车设计制造并成功下线，形成涵盖不同速度等级，适应高原、高寒、风沙等各种运营环境的复兴号系列产品，“复兴号”品牌已成为世界智能铁路发展的重要引领者。2021年，中国自主研发的复兴号高原内电双源动车组列车开上世界屋脊。2023年6月28日，我国自主研发的复兴号高速综合检测列车在福厦高铁湄洲湾跨海大桥以单列时速453公里、相对交会最高时速891公里运行。2024年6月，“复兴号高速列车”项目荣获国家科学技术进步奖特等奖。

媒体聚焦

2024年1月19日，复兴号高速列车研发等3个创新团队获得首届国家卓越工程师团队奖；6月24日，“复兴号高速列车”项目荣获2023年度国家科学技术进步奖特等奖。

高速、高原、高寒、重载铁路技术等重点领域攻关取得突破，达到世界领先水平。在高速铁路上，全面掌握了复杂路网条件下高铁长距离运营管理成套技术，构建完善了适应国情路情、具有世界先进水平、安全高效的高铁运营管理体系。在高原、高寒铁路上，多年冻土、高寒缺氧、生态脆弱三大世界性工程难题攻关成果经受住了青藏铁路运营实践检验，哈大高铁实现冬夏季时速300公里一张运行图持续安全运行。在重载铁路上，构

复兴号高原内电双源动力集中动车组列车行驶于拉林铁路（罗春晓/摄）

建了涵盖 21 吨、23 吨、25 吨、27 吨、30 吨不同轴重等级的重载铁路成套技术和标准体系，组织实施了 3 万吨重载组合列车运行试验，创新重载铁路运输组织集约化精细化技术，开通运营了世界上一次建成投用里程最长的重载铁路浩吉铁路。

工程建造树立标杆。充分探索中国地质及气候条件复杂多样的特点，以原始创新为主，在高铁路基、轨道、长大桥梁、长大隧道、大型客站和系统集成等方面攻克了大量世界性技术难题，系统掌握了不同气候环境、不同地质条件下建造高铁的成套技术。江湛铁路沿线建起全球首例高铁全封闭声屏障，兰渝铁路西秦岭隧道采用先进的钻爆法和 TBM 相结合的施工方案，福平铁路平潭海峡公铁大桥创新应用“深水裸岩区埋植式海上平台”，还有屋顶铺满太阳能板的雄安站、“顶层高铁、地面普铁、地下地铁”的北京丰台站、“站场拉开、中央进站、两端候车”的杭州西站、大型综合交通枢纽的广州白云站，已成为世界铁路基建的新标杆。

科技保障更加有力。在服务安全稳定中完善技术保障体系，成功研制世界领先的高速综合检测列车、综合巡检车等重大装备，以及自然灾害监测、高铁地震预警等系统，铁路安全运维技术现代化水平显著提升。探索数字技术发展，国铁集团主数据中心二期工程主要设备全面投产，自主研发列车运行图编制等 100 多个铁路信息系统，在提高工作效率、改善用户体验、拓展经营空间等方面发挥积极作用，有效支撑了铁路运输供给侧结构性改革。在服务技术基础管理中彰显责任担当，构建较为完善的国铁集团技术标准体系，截至 2024 年底，共发布国铁集团技术标准 1102 项，牵头组建铁路科技创新联盟，努力打造世界一流的铁路科技创新产业集群。着力推动中国铁路技术标准国际化，主持参与 UIC 各类标准 60 项、ISO 标准 61 项，为实现中国铁路全系统、全要素、全产业链“走出去”提供标准支撑。

铁路发展的内动力和活力不断增强

风正帆悬正可期，勇立潮头唱大风。新时代，国铁企业争做深化国企改革的实践者和竞进者，向体制机制改革要动力，向优化结构布局要活力，向全面深化改革要潜力，向着建设世界一流铁路企业的目标不断迈进。

● 2019 年 6 月 18 日，中国国家铁路集团有限公司在北京挂牌成立

党的十八大以来，习近平总书记就国有企业改革发展提出一系列新思想新论断，作出一系列新部署新要求。国铁企业坚决落实要求，蹄疾步稳推进改革：铁路政企分开改革和公司制改革顺利完成，2013 年，铁道部撤销，实行铁路政企分开，组建中国铁路总公司；2017 年，所属 18 个铁路局全部完成公司制改革变更登记，改制为铁路局集团公司；2018 年，所属非运输企业公司制改革基本完成；2019 年，中国铁路总公司改制成为中国国家铁路集团有限公司，本部机构编制优化调整

到位；2022 年，国铁集团、30 余家所属企业以及三级公司的公司制改革基本完成。同时，加快剥离企业办社会职能，企业“轻装上阵”，更加公平参与市场竞争。在此基础上，乘势而上不断深化改革，2022 年，国铁企业改革三年行动基本完成，110 项改革任务全部落实到位；2023 年，印发《国铁企业改革深化提升行动实施方案（2023—2025 年）》，实施新一轮 118 项改革；2024 年以来，对标对表党的二十届三中全会部署，研究谋划进一步深化改革实施方案。

● 2020 年 1 月 16 日，京沪高速铁路股份有限公司在上海证券交易所挂牌上市

国铁资本经营质量和效率效益明显提升。坚持有利于国有资产保值增值、有利于提升国有经济竞争力、有利于放大国有资本功能的方针，把国铁企业做强做优做大。混改上市提速加力，以铁科轨道、金鹰重工、中铁特货等为代表，高铁业务板块、专业运输板块和铁路科创智造板块优质企业股改上市，大秦公司可转债完成上市交易，中铁顺丰、中铁京东等混合所有制企业经营持续向好。2020 年 1 月 16 日，京沪高速铁路股份有限公司成功登陆A 股市场，成为“中国高铁第一股”，迈出了中国铁路改革进程中具有里程碑意义的一步。深化铁路分层分类建设，推进雄安高铁公司组建和社会资本引入，推行深圳西丽站站城融合投融资模式改革，建立铁路、地方、企业和民

营资本合力推进铁路建设的新格局，有效控制国铁企业负债率。积极推动区域合资铁路公司重组整合，加快实施铁路公司路地股权调整，推动国铁资本向路网干线集中。截至 2024 年底，11 家区域合资铁路公司顺利完成组建，国铁资本布局进一步优化，地方政府优势得到更好发挥，有效提升路网整体营运效率效益。加强无形资产保护，成功注册中国铁路、国铁、复兴号、中欧班列、中老铁路等商标，铁路商标品牌效应日益提升。

媒体聚焦

铁路高质量发展新成效添彩中国式现代化

管理体制机制创新突破。全面落实“两个一以贯之”，把加强党的全面领导和完善公司治理统一起来，推动形成权责法定、权责透明、协调运转、有效制衡的公司治理机制，中国特色国铁现代企业制度更加完善。党的全面领导更加凸显，完善落实“第一议题”制度及“回头看”工作机制，确保习近平总书记重要讲话和指示批示精神落实落地；全面推进“党建入章”，确立党组织在国铁企业法人治理结构中的法定地位；严格执行党组（党委）会前置程序，健全落实“三重一大”事项决策制度；完善“双向进入、交叉任职”领导体制，党组（党委）把方向、管大局、保落实作用充分发挥。加快构建高效运营的新型生产、经营和管理体系，“六个市场化运营中心”建设稳步推进，在物流组织体系改革方面，全路 40 个物流中心有序运转，物流事业部试点工作顺利开展，物流服务合力更强。法治化市场化经营深入推进，健全公司法人治理结构，外部董事制度落实落地，党组织、董事会、经理层权责更加清晰；建立国铁集团权力清单目录和铁路局集团公司负面清单目录，编制国铁集团制度图谱，两级企业管理关系更加清晰；坚持以收定支、收支弹挂，健全运输市场化清算体系，全面预算管理的导向作用和刚性约束不断强化；优势产业经营开发力度全方位加大，节支降耗成为职工行为习惯。生产组织改革稳步推进，运输站段生产力布局得到优化，机辆一体化管理改革、高铁综合维修一体化改革和动车组、和谐型机车修程修制改革扎实推进，货车事业部管理改革成果持续巩固，发达路网和先进装备红利进一步释放。三项制度改革破冰破局，实施领导人员任期制管理，建立铁路企业负责人年度与任期相结合的考核体系和薪酬体系，干部能上能下成为常态；开展劳动用工制度改革，构建多元化、市场化用工机制，畅通专业技术人员和技能人才发展通道，职工能进能出增加活力；完善国铁企业工资决定机制，坚持工效挂钩导向，规范绩效考核工作，收入能增能减激发潜力，铁路高质量发展的内生动力和活力持续提升。

● 复兴号智能动车组列车穿行于城市间（中国铁道出版社有限公司供图）

点　睛

万里江山，铁路纵横，勾勒出新时代的万千气象。

从北国雪原到彩云之南、从大漠戈壁到东海之滨，铁路跨越田野阡陌，通达四面八方，创造着美好生活新时空。“坐着高铁看中国”，让人们看到了政通人和的万千气象，看到了经济发展的勃勃生机，看到了领跑世界的中国气派。从旅客、货主的美好体验中，从社会各界的纷纷点赞中，从媒体报道的聚焦好评中，我们一次次饱尝奋斗的艰辛和喜悦，为取得的历史性成就、发生的历史性变革而欢欣鼓舞。

铁路梦，强国梦，复兴梦。从一百年多前孙中山先生《实业计划》中的畅想，到 16 万公里钢轨托举起流动的中国，新时代的中国铁路，已然成为展现中国力量、中国精神、中国形象的亮丽名片。关注中国发展的专家学者、240 小时过境免签来华的各国游客、西方发达国家的政要使节等，纷纷架起手机记录飞驰而过的复兴号，竖起大拇指夸赞时速 350 公里的中国速度。中国铁路的“成功密码”成为一个世界关注的话题。

看似寻常最奇崛，成如容易却艰辛。作为中国铁路的一分子，我们最清楚，中国铁路所取得的成就，不是轻轻松松、敲锣打鼓就能获得的，如果有密码，那一定是对拥护“两个确立”、做到“两个维护”的忠诚践行，是“我是党员我先上”的先锋本色，是“让旅客出行体验更美好”的为民情怀，是“敢叫山低头、河水让路”的豪迈气概，是“我要安全，我能安全”的始终坚守，是“不断用批判的眼光进行自我突破和创新”的创新精神……

我们必须深刻认识到，新时代中国铁路的发展，无不饱含着以习近平同志为核心的党中央的亲切关怀。党的十八大以来，每每在重要节点、关键时刻，习近平总书记都会对铁路工作作出重要指示批示，为做好新时代新征程铁路工作指明了前进方向、提供了根本遵循、注入了强大动力。

我们能够自豪宣示，新时代中国铁路的发展再次证明，铁路人始终听党话、永远跟党走，是党最可信赖最可依靠的铁军队伍；铁路人敢打硬仗、能打胜仗，是一支特别有担当、特别能奉献、特别有纪律、特别有执行力的优秀队伍。

我们也何其幸运，生逢伟大时代，肩负伟大使命。站在一代代铁路人前赴后继铸就的崭新起点上，接过先辈们手中的接力棒，我们有决心、有信心、有能力跑出一个好成绩，为服务和支撑中国式现代化当好开路先锋。

船到中游浪更急，人到半山路更陡。当前和今后一个时期，是以中国式现代化全面推进强国建设、民族复兴伟业的关键时期，我们不但不能有任何松松劲歇歇脚、躺在“功劳簿”上享乐的心态，而且要继续撸起袖子加油干，确保如期完成党和国家交给我们的光荣使命。

加快建设世界一流铁路企业、率先建成现代化铁路强国的进军号角已经吹响，前进的道路不会一帆风顺，必然面对诸多可以预见和难以预见的风险挑战，必须准备付出更为艰巨、更为艰苦的努力。越是关键时刻，越需要团结奋进的拼搏精神、攻坚克难的顽强意志，越需要“一锤接着一锤敲”的定力。让我们立足长远、干在当下，踏踏实实把正在做的事情做好，一步一个脚印地坚定前行。

动车所里整装待发的动车组列车（成都局集团公司党委宣传部供图）

4

展望篇 · 勠力同心向未来

——如何理解和把握新时代新征程国家铁路的目标任务?

伟大的事业之所以伟大，就在于目标的宏大高远。伴随中华民族实现伟大复兴的铿锵脚步，中国铁路将始终与时代同向同行，承担起服务和支撑中国式现代化的历史重任，绘就新时代铁路发展的宏伟蓝图。

站在历史新的更高起点上，党的二十大高瞻远瞩地擘画了到21世纪中叶中国发展的战略安排，为中华民族伟大复兴谋划了新的篇章。全面建成社会主义现代化强国，总的战略安排是分两步走：从二〇二〇年到二〇三五年基本实现社会主义现代化；从二〇三五年到本世纪中叶把我国建成富强民主文明和谐美丽的社会主义现代化强国。

党的二十大指出，未来五年是全面建设社会主义现代化国家开

沪苏通长江公铁大桥（上海局集团公司党委宣传部供图）

局起步的关键时期，主要目标任务是：经济高质量发展取得新突破，科技自立自强能力显著提升，构建新发展格局和建设现代化经济体系取得重大进展；改革开放迈出新步伐，国家治理体系和治理能力现代化深入推进，社会主义市场经济体制更加完善，更高水平开放型经济新体制基本形成；全过程人民民主制度化、规范化、程序化水平进一步提高，中国特色社会主义法治体系更加完善；人民精神文化生活更加丰富，中华民族凝聚力和中华文化影响力不断增强；居民收入增长和经济增长基本同步，劳动报酬提高与劳动生产率提高基本同步，基本公共服务均等化水平明显提升，多层次社会保障体系更加健全；城乡人居环境明显改善，美丽中国建设成效显著；国家安全更为巩固，建军一百年奋斗目标如期实现，平安中国建设扎实推进；中国国际地位和影响进一步提高，在全球治理中发挥更大作用。

到二〇三五年，我国发展的总体目标是：经济实力、科技实力、综合国力大幅跃升，人均国内生产总值迈上新的大台阶，达到中等发达国家水平；实现高水平科技自立自强，进入创新型国家前列；建成现代化经济体系，形成新发展格局，基本实现新型工业化、信息化、城镇化、农业现代化；基本实现国家治理体系和治理能力现代化，全过程人民民主制度更加健全，基本建成法治国家、法治政府、法治社会；建成教育强国、科技强国、人才强国、文化强国、体育强国、健康中国，国家文化软实力显著增强；人民生活更加幸福美好，居民人均可支配收入再上新台阶，中等收入群体比重明显提高，基本公共服务实现均等化，农村基本具备现代生活条件，社会保持长期稳定，促进人的全面发展，使全体人民共同富裕取得更为明显的实质性进展；广泛形成绿色生产生活方式，碳排放达峰后稳中有降，生态环境根本好转，美丽中国目标基本实现；国家安全体系和能力全面加强，基本实现国防和军队现代化。

在基本实现现代化的基础上，继续奋斗到本世纪中叶，把我国建设成为综合国力和国际影响力领先的社会主义现代化强国。党的二十届三中全会同党的二十大作出的战略部署相衔接，审议通过了《中共中央关于进一步全面深化改革、推进中国式现代化的决定》，全面部署了各领域各方面300多项重要改革举措。其中，明确提出要推进铁路等行业自然垄断环节独立运营和竞争性环节市场化改革。深化综合交通运输体系改革，推进铁路体制改革。这充分体现了党中央对铁路工作的高度重视，为进一步深化国铁企业改革指明了方向、提供了根本遵循。

作为国家铁路、人民铁路，新征程上我们必须坚决听从党中央号令，采取更加有力有效的举措，推动铁路高质量发展不断取得新成效，切实承担起服务和支撑中国式现代化建设的历史重任。

媒体聚焦

多家中央媒体聚焦这张蓝图，未来中国铁路令人期待！

——建设人口规模巨大的现代化，要求国家铁路必须着力建好管好覆盖全国的现代化铁路网，在推动十四亿多人口整体迈进现代化中发挥开路先锋作用。铁路作为国家战略性、先导性、关键性重大基础设施，是中国式现代化的重要支撑。新征程上，我们要立足人口规模巨大这一突出国情，以联网、补网、强链为重点，突出补短板、强弱项、重配套，加快构建现代化铁路基础设施体系，加大出疆入藏、沿江沿海沿边、西部陆海新通道等国家战略通道项目实施力度，着力解决铁路发展不平衡不充分问题特别是西部铁路“留白”偏多问题，不断增强铁路网的通达性和覆盖面，为做好铁路公共服务提供可靠的基础设施支撑，让最广大人民群众共享发达路网红利。

——建设全体人民共同富裕的现代化，要求国家铁路必须从大众化交通工具和重大民生工程的定位来谋划和推进铁路现代化，为

复兴号动车组列车行驶在哈大高铁线上（沈阳局集团公司党委宣传部供图）

推动全体人民共同富裕提供重要支撑。铁路作为大众化交通工具和重大民生工程，直接服务人民群众，具有鲜明的基础性、公共性、普惠性，在保证国计民生需求、推动区域协调发展、全面推进乡村振兴、促进全体人民共同富裕中肩负着重大责任。新征程上，我们要深入践行“人民铁路为人民”的宗旨，更好坚持国家铁路战略定位，始终把社会效益放在首位，持续深化铁路运输供给侧结构性改革，大力提升铁路公共服务水平，全面提高铁路运输服务的普惠性、均衡性、可及性，不断增强人民群众的获得感、幸福感和安全感，让铁路现代化建设成果更多更公平惠及全体人民。

——建设物质文明和精神文明相协调的现代化，要求国家铁路必须发挥国民经济大动脉和社会主义精神文明窗口的作用，为促进物的全面丰富和人的全面发展作出铁路贡献。国铁企业作为中国特色社会主义的重要物质基础和政治基础，既是国民经济大动脉，又是传播精神文明的重要窗口和广阔阵地。新征程上，我们既要适应社会主义市场经济要求，坚持市场化法治化国际化的方向，发挥好铁路在运输市场中的骨干作用和行业引领作用，不断解放和发展铁路生产力，有效降低社会物流成本，满足运输服务需求；又要自觉强化窗口意识，主动坚守好“阵地”，深入开展理想信念教育，大力传承铁路红色基因，繁荣发展铁路文化事业，加强铁路意识形态阵地建设，使铁路成为展示社会主义核心价值观的重要窗口，推动物质文明和精神文明建设全面进步。

——建设人与自然和谐共生的现代化，要求国家铁路必须充分发挥绿色低碳环保的优势，在推进生态文明建设中展示更大作为。铁路是世界公认的绿色低碳环保交通方式，在打好污染防治攻坚战、加快发展方式绿色转型中具有重要作用。新征程上，我们要深入学习领会习近平生态文明思想，站在人与自然和谐共生的高度谋划铁路现代化建设工作，把生态优先、节约集约、绿色低碳发展理念贯穿到铁路规划、设计、建设、运营的各方面全过程，严格落实铁路节能环保措施，深入推进运输结构调整，加大“公转铁”力度，强化铁路绿色交通骨干作用，协同推进降碳、减污、扩绿、增长，全面提高铁路绿色发展水平。

媒体聚焦

“绿”镜下的中国铁路，万里生机!

锡乌铁路运输忙（沈阳局集团公司党委宣传部供图）

——建设走和平发展道路的现代化，要求国家铁路必须自觉承担保障国际产业链供应链畅通和“走出去”项目企业层面牵头作用等责任，为推动共建“一带一路”高质量发展贡献力量。铁路作为国家间互联互通的重要桥梁，是维护和平与发展的重要纽带。新征程上，我们要充分发挥铁路行业优势和企业层面牵头作用，围绕服务推进高水平对外开放，务实推进境外重点铁路建设项目，持续提升中欧班列、西部陆海新通道班列开行质量，不断深化共建基础设施“硬联通”、共商规则标准“软联通”、共享发展成果“心联通”，为推动构建人类命运共同体作出积极贡献。

当前和今后一个时期是以中国式现代化全面推进强国建设、民族复兴伟业的关键时期。面对新形势新任务新要求，国铁企业明确

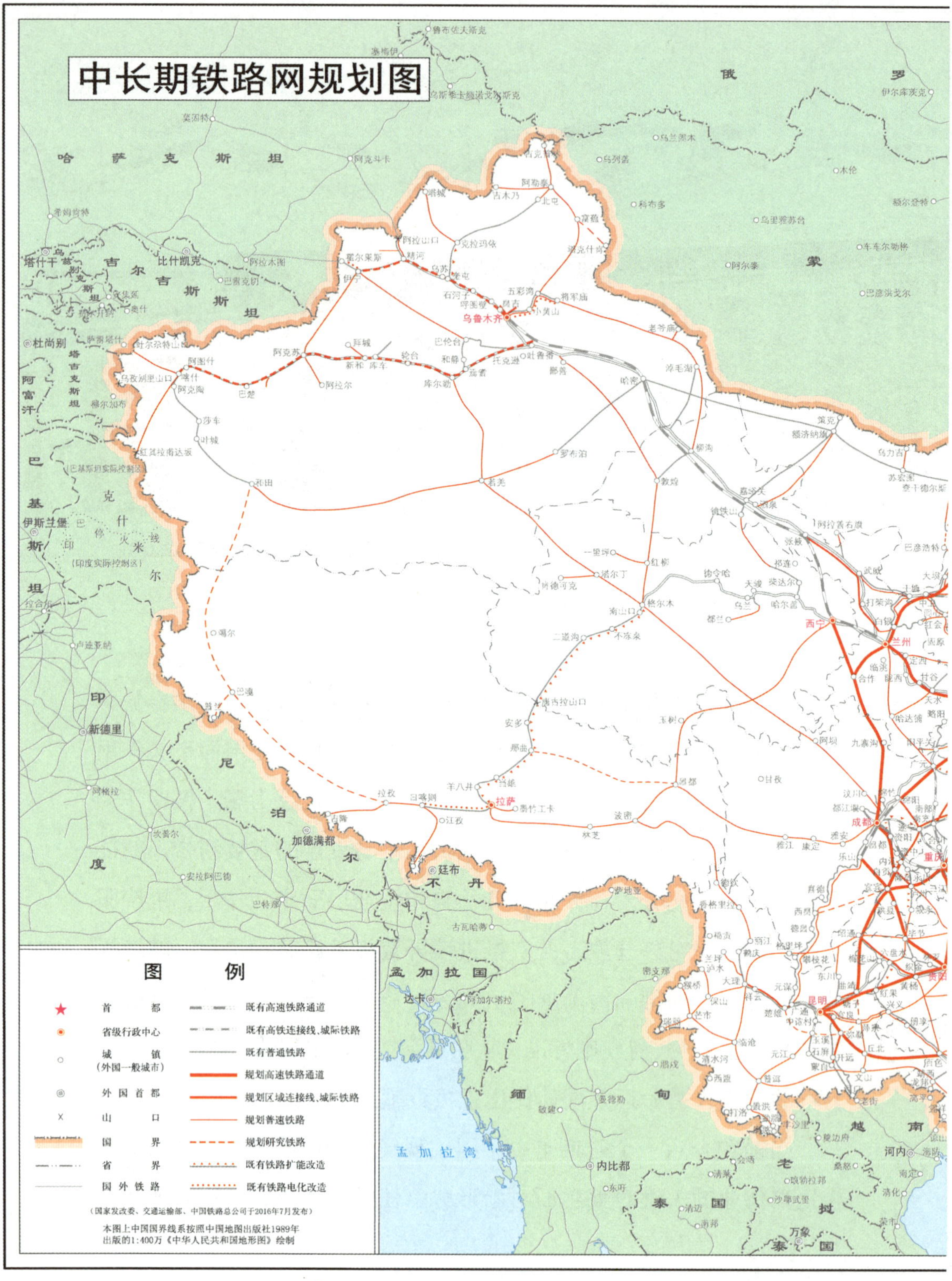

中长期铁路网规划图
图例
首都
省级行政中心
城镇（外国一般城市）
外国首都
山口
国界
省界
国外铁路
既有高速铁路通道
既有高铁连接线、城际铁路
既有普通铁路
规划高速铁路通道
规划区域连接线、城际铁路
规划普速铁路
规划研究铁路
既有铁路扩能改造
既有铁路电化改造
（国家发改委、交通运输部、中国铁路总公司于2016年7月发布）
本图上中国国界线系按照中国地图出版社1989年出版的1:400万《中华人民共和国地形图》绘制
俄
罗
哈萨克斯坦
吉尔吉斯斯坦
塔吉克斯坦
阿富汗
巴基斯坦
印度
尼泊尔
不丹
孟加拉国
缅甸
老挝
泰国
越南
蒙
孟加拉湾
乌鲁木齐
拉萨
西宁
兰州
成都
重庆
昆明
贵阳
新德里
加德满都
廷布
达卡
内比都
河内
杜尚别
伊斯兰堡
比什凯克
万象

斯
古
乌兰巴托
朝
鲜
韩
国
日
本
日本海
渤海
黄海
东海
太
平
洋
平壤
首尔
东京
哈尔滨
长春
沈阳
呼和浩特
北京
天津
银川
太原
石家庄
济南
郑州
西安
南京
合肥
上海
杭州
武汉
长沙
南昌
福州
台北
广州
香港
澳门
南宁
海口
大连
青岛
连云港
厦门
汕头
舟山群岛
钓鱼岛
赤尾屿
澎湖列岛
台湾岛
东沙群岛
南海
海南岛
菲律宾
河内
马尼拉
斯里巴加湾市
南海诸岛

提出深化铁路体制机制改革、加快建设世界一流铁路企业的目标任务，动员全路扎实推动铁路高质量发展和现代化建设，当好落实国家重大战略“排头兵”，更好服务和支撑中国式现代化。

到 2030 年，建成世界一流铁路企业

世界一流企业是国家经济实力、科技实力和国际竞争力的重要体现。习近平总书记强调：“加快建设一批产品卓越、品牌卓著、创新领先、治理现代的世界一流企业，在全面建设社会主义现代化国家、实现第二个百年奋斗目标进程中实现更大发展、发挥更大作用。”党的二十大、二十届三中全会和二十届中央财经委员会第一次会议等，都对建设世界一流企业作出重要部署，为推动铁路事业高质量发展、加快建设世界一流铁路企业带来了新的机遇、注入了强大动力。

持续提升中欧班列开行质量，为高质量共建“一带一路”贡献铁路力量（西安局集团公司党委宣传部供图）

贯彻党中央决策部署，落实《交通强国建设纲要》，国铁集团党组明确提出，到 2030 年，建成产品卓越、品牌卓著、创新领先、治理现代的世界一流铁路企业，基本实现铁路现代化。

● 复兴号动车组列车能够适应高原、高寒、湿热、风沙等多种运行环境。图为复兴号动车组列车驶过兰新高铁丹霞地貌（兰州局集团公司党委宣传部供图 · 徐凌波 / 摄）

展望未来，一幅壮美的铁路画卷正在我们面前徐徐展开：

不久的将来，在千千万万的铁路人埋头苦干、不懈努力下，一条条钢铁大动脉将在神州大地纵横延展，一幅内联外通、通江达海的路网工笔画将勾勒得更加多彩，快速便捷的铁路客运产品和服务体系更加完善，绿色高效的铁路现代物流体系构建形成，运输产品供给能力和质量达到世界一流水平，“诗与远方”和我们将只隔一张车票的距离，网购商品早上下单、晚上就能到家门口，延伸的钢轨将助力把人民群众对美好生活的向往变为现实。

不久的将来，一个个响当当的中国铁路品牌将作为企业金字招

京张高铁、京张铁路与大秦铁路三线交会（太原局集团公司党委宣传部供图）

牌、国家闪亮名片，获得更多旅客、货主点赞好评、新闻媒体聚焦报道、国内外各界广泛赞誉，铁路在综合交通运输体系中的骨干作用更为显著。作为中国铁路的一分子，我们将为自己的付出、收获的成果而挺起胸膛、骄傲自豪。

不久的将来，我们将看到一幅崭新景象：云计算、物联网、大数据、北斗定位、5G 通信、人工智能等先进技术与铁路技术集成融合，铁路智能建造、智能装备、智能运营技术水平全面提升。我们将破解更多“卡脖子”难题，向着“无人区”深处攻坚，自信地说出“我们的对手就是我们自己”。

不久的将来，国铁企业党的领导更加巩固和加强，制度更加健全，管理更加精细，经营更加高效，队伍更加凝聚，环境更加美丽，文化更加厚重。在这样一个风清气正、干事创业的良好生态中，我们能够心往一处想、劲往一处使、拧成一股绳，实现个人和企业的共同发展，达成自己的人生价值和理想追求。

总而言之，加快建设世界一流铁路企业，是推动铁路高质量发展、率先实现铁路现代化的需要，是当好落实国家重大战略“排头兵”、更好服务和支撑中国式现代化的需要，也是进一步塑造铁路发展新动能、巩固扩大中国铁路世界领跑优势的需要，这是我们的使命所系、责任所在。还要看到，建成世界一流铁路企业具备坚实基础，我们既有强大的新型举国体制优势，也有全路一张网、运输集中统一指挥等独特优势，并且经过几代铁路人的接续奋斗，已在多个领域领跑世界。只要全路锚定目标、坚定信心、奋发有为，就一定能实现“产品卓越、品牌卓著、创新领先、治理现代”目标任务。

“过河”的任务已经明确，如何解决“桥”和“船”的问题？铁路发展历程启示我们，还是要继续用好改革这个“重要法宝”和“关键一招”。因此，国铁集团党组明确，建成世界一流铁路企业，必须以深化铁路体制机制改革为动力，重点是深化“六个现代化体系”、打造“六个市场化运营中心”。

以深化“六个现代化体系”为载体，全面推进铁路体制机制改革。构建现代化铁路基础设施体系、现代化铁路运输服务体系、现代化铁路科技创新体系、现代化铁路安全保障体系、现代化铁路经营管理体系、现代化铁路企业治理体系，“六个现代化体系”覆盖了铁路工作的主要领域，凝聚了全路的智慧和心血。继续深化“六个现代化体系”，就是要坚持守正创新和一张蓝图绘到底，进一步加强国铁企业改革的顶层设计、总体谋划和系统推进，着力破解制约铁路高质量发展的深层次体制机制障碍和结构性矛盾，确保到2029年完成党的二十届三中全会《决定》部署的改革任务。

以打造“六个市场化运营中心”为带动，实现铁路体制机制改革重点突破。客货运输是铁路的主责主业，也是铁路竞争性环节市场化改革的重点领域。要从国铁集团层面打造安全应急中心、客运中心、现代物流中心、财务运营中心、信息数据中心、科技创新中心，这“六个市场化运营中心”就是要突出客货运输主责主业，推动铁路竞争性环节市场化改革。依托“六个市场化运营中心”，进一步理顺国铁集团和铁路局集团公司两级法人的关系，进一步确立铁路局集团公司的市场主体地位，更好发挥服务国家战略、开拓市场化经营、提高运营效益和服务品质、服务保障经济社会发展的重要作用。

铁路体制机制改革是一项长期的系统工程。深化“六个现代化体系”、打造“六个市场化运营中心”，就是要统筹实现改革的全面推进和重点突破，在全面推进中实现重点突破，以重点突破带动全面推进，进而为实现 2030 年目标提供强大动力和坚实支撑。我们要运用好、落实好党组部署的这一系列有力有效举措，坚定不移深化铁路体制机制改革，把国铁企业做强做优做大，加快建成世界一流铁路企业，更好服务和支撑中国式现代化。

媒体聚焦

中国国家铁路集团有限公司 2025 年工作会议

目标已经明确，重任只争朝夕。作为见证者、推动者、受益者，只要我们撸起袖子加油干，一锤接着一锤敲，铁路体制机制改革必定落地有声，世界一流铁路企业必将触手可及。

到 2035 年，率先建成现代化铁路强国

在建成世界一流铁路企业、基本实现铁路现代化的基础上，广大干部职工团结一心、接续奋斗，到 2035 年，建设更高水平的世界一流铁路企业，率先建成现代化铁路强国，全面强化科技创新、产业控制、安全支撑作用，更好地服务和保障社会主义现代化强国建设。

● 复兴号动车组列车飞驰在希望的田野上（广州局集团公司党委宣传部供图）

——现代化铁路网率先建成。铁路网内外互联互通、区际多路畅通、省会高效连通、地市快速通达、县域基本覆盖、枢纽衔接顺畅，网络设施智慧升级，有效供给能力充沛。全国铁路网 20 万公里左右，其中高铁 7 万公里左右。20 万人口以上城市实现铁路覆盖，其中 50 万人口以上城市高铁通达。

——创新引领技术自主先进。铁路自主创新能力和产业链现代化水平全面提升，铁路科技创新体系健全完善，关键核心技术装备自主可控、先进适用、安全高效，智能高铁率先建成，智慧铁路加快实现。

——运输服务供给品质一流。高效率的全程服务体系和高品质的产品供给体系将更加完善，人享其行、物畅其流，安全优质、人民满意。

——铁路运输安全持续稳定。人防、物防、技防“三位一体”的安全保障体系健全有力，本质安全水平、安全预防及管控能力、应急处置及救援能力全面提升，高铁和旅客列车安全得到可靠保障，铁路交通事故率、死亡率大幅降低。

——运营效率效益更加优良。运输效率、资源配置效率、资本运营效率持续提升，市场规模、经营发展质量不断跃升，主要运输经济指标保持世界领先，主要经营效益指标位居世界前列，国铁资本做强做优做大。

——铁路治理体系健全高效。党对铁路的全面领导坚强有力，铁路管理体制机制更加健全，制度更加完备，人才队伍精良，市场环境优良，发展活力增强，国铁企业的行业主体作用突出，治理体系和治理能力实现现代化。

——绿色骨干优势充分发挥。铁路与其他交通运输方式实现深度融合、优势互补，铁路比较优势更好发挥，铁路的客货运输市场份额持续提升，在现代综合交通运输体系中的骨干作用和地位明显增强。

——支撑引领作用全面增强。铁路服务经济社会发展的作用更加显著，应对突发事件及自然灾害、完成急难险重任务、服务重大战略、维护国家安全的能力全面提升，铁路成为社会主义现代化建设的重要支撑。

——国际竞争力影响力跃升。中欧班列成为具有国际影响力的

● 复兴号动车组列车飞驰在长珲城际铁路伊通河大桥上（沈阳局集团公司党委宣传部供图 · 陈明 / 摄）

世界知名铁路物流品牌，中国成为全球铁路科技创新高地，铁路“走出去”的产业链和价值链向中高端聚集，中国铁路国际竞争力和影响力显著提升。

宏伟的目标在前方召唤，壮阔的征程在脚下铺展。率先建成现代化铁路强国，新时代铁路产业大军肩负新使命、再踏新征程，必将以拼搏绽放激情，用奋斗实现梦想。

到 2050 年，全面建成更高水平的现代化铁路强国

千年潮未落，风起再扬帆。21 世纪中叶这一关键节点，承载了一代又一代中国人的美好期待，更明确了一代又一代铁路人的奋斗目标。到 2050 年，中国铁路将全面建成更高水平的现代化铁路强国，全面服务和保障社会主义现代化强国建设。铁路服务供给和经营发展、支撑保障和先行引领、安全水平和现代治理能力迈上更高水平，智慧化和绿色化水平、科技创新能力和产业链水平、国际竞争力和影响力保持领先，制度优势更加突出。形成辐射功能强大的现代铁路产业体系，建成具有全球竞争力的世界一流铁路企业。中国铁路成为社会主义现代化强国和中华民族伟大复兴的重要标志和组成部分，成为世界铁路发展的重要推动者和全球铁路规则制定的重要参与者。

展望未来，每一次年轮递进，都将镌刻出不平凡的发展烙印，也必定会碰撞出不寻常的时代花火，将极大鼓舞和激励铁路人继往开来，推动中国铁路书写出更加恢宏灿烂的时代篇章。

点　睛

党的二十大擘画了以中国式现代化全面推进中华民族伟大复兴的宏伟蓝图，党的二十届三中全会吹响了以进一步全面深化改革开辟中国式现代化广阔前景的进军号角。作为国家铁路、人民铁路，国铁企业对标党中央新要求，顺应人民群众新期待，结合实际提出了进一步深化铁路体制机制改革，加快建设世界一流铁路企业，更好服务和支撑中国式现代化的目标任务。

这是铁路人的自信宣言和庄严承诺。

时光流转、岁月更迭，万里铁道线可以作证，中国铁路始终把为党分忧、为国奉献、为民服务印刻在奋斗的足迹中，是当之无愧的开路先锋。经过一百多年特别是新时代以来艰苦卓绝的奋斗，无论是路网规模还是运行速度，无论是技术装备还是服务品质，铁路人都可以拍着胸脯说，我们已处于世界领先地位，建成世界一流铁路企业，我们绝对有这个底气和实力。

迈入新征程，作为国家现代化的先行领域和实施重大战略的基础支撑，坚守国家铁路战略定位，自觉服务党和国家工作大局，扛起全面服务和保障社会主义现代化强国建设的历史重任，国铁企业必须以深化铁路体制机制改革为不竭动力、以建成世界一流铁路企业为奋斗目标不断做大做强自己，也必须以服务和支撑中国式现代化为不懈追求履行职责使命。

清晰坚定的目标凝聚人心、催人奋进。

到 2030 年，建成世界一流铁路企业，基本实现铁路现代化；

到 2035 年，建设更高水平的世界一流铁路企业，率先建成现代化铁路强国。这一目标，画出了新时代铁路人的最大同心圆，表达了新时代铁路人的心声：“赶上中国铁路发展的‘黄金时代’，感觉特别幸运；能为铁路现代化建设贡献力量，感觉特别自豪。”“国家的发展、铁路的发展与我们每个铁路人的幸福生活息息相关，有了目标就有了前进的动力。”“只要心往一处想、劲往一处使，撸起袖子加油干，就一定能建成世界一流铁路企业。”……

展望未来，钢铁大动脉交错延展，复兴号智能动车组列车纵横飞驰，社会对铁路的认可度、美誉度不断提高，铁路总体技术水平领跑世界……现代化铁路强国的美好愿景，犹如一幅壮美画卷，每每看之，都让人心驰神往、激动不已。

梦虽遥，追则能达；愿虽艰，持则可圆。

我们知道，从时间表和路线图可以清晰看到，建成世界一流铁路企业并非遥不可及，只要坚定不移走下去，就一定能到达终点、赢得胜利。我们更知道，前进的道路不是一马平川，必然有许多山梁和险滩。历史反复告诫我们，只有居安思危，才能掌握主动、占得先机。在推动铁路高质量发展、率先实现铁路现代化的进程中，会有许多可以预见和难以预见的困难挑战，必须时刻保持忧患意识，绝不能盲目乐观。同时也须认清，路要一步一步走，饭得一口一口吃。建设更高水平的世界一流铁路企业、率先建成现代化铁路强国，并不是一朝一夕的事，贵在发扬钉钉子精神，一锤接着一锤敲，拼搏不松劲，奋斗不停歇，梦想一定会照进现实。

蓝图鼓舞人心，号角催人奋进。让我们向着新的奋斗目标，出发！

● CR400AF 新型复兴号动车组列车奔驰在贵南高铁线上（南宁局集团公司党委宣传部供图 · 邢星 / 摄）

5

举措篇 · 步履铿锵启新程

——如何理解和把握推动铁路高质量发展、加快建设世界一流铁路企业的主要举措?

从提出全面建成小康社会的战略目标，到部署打好防范化解重大风险攻坚战、精准脱贫攻坚战、污染防治攻坚战等一系列重点任务，新时代的实践一再证明，实现伟大梦想，目标和路径同样重要。

党的二十大发出了向实现第二个百年奋斗目标迈进的进军号令，明确了全面建设社会主义现代化国家、以中国式现代化全面推进中华民族伟大复兴的战略安排和目标任务，确定了高质量发展是全面建设社会主义现代化国家的首要任务。党的二十届三中全会从实践经验和现实需要出发，擘画了进一步全面深化改革的时代蓝图。

铁路作为国家战略性、先导性、关键性重大基础设施，是中国式现代化的重要支撑。奋进新征程，需要我们牢牢把握国家铁路在全面建设社会主义现代化国家中的战略定位，充分发挥铁路行业优势和交通运输体系骨干作用，聚焦深化“六个现代化体系”，扎扎实实推进安全生产、运输经营、铁路建设、改革创新、党的建设等铁路高质量发展各项重点任务，把国铁企业做强做优做大，加快建设世界一流铁路企业，为以中国式现代化全面推进强国建设、民族复兴伟业作出新的更大贡献。

进一步全面深化铁路改革

党的二十届三中全会对进一步全面深化改革作出了系统部署，对深化铁路改革提出明确要求。国铁企业认真对标对表党中央重大决策部署，牢牢把握守正创新这一重大原则，坚定改革信心，把准改革方向，强化改革责任，推进铁路改革不断迈出新步伐，不断为铁路发展注入动力和活力。

【延伸阅读】

锚定目标、踔厉奋发，进一步深化铁路体制机制改革

构建高效规范、公平竞争、充分开放的全国统一大市场，是以习近平同志为核心的党中央从全局和战略高度做出的重大决策。作为党执政兴国的重要力量，国铁企业主动服务构建全国统一大市场，是当好落实国家重大战略“排头兵”的必然要求。必须深入推进运输供给侧结构性改革，着力解决运输能力供给不平衡不充分问题。必须进一步开放铁路建设市场，深化铁路投融资体制改革，鼓励引导社会资本和更多符合资质条件的施工企业参与铁路建设。必须进一步开放铁路

物资市场，鼓励符合质量标准要求的生产企业参与铁路物资招投标，建立优胜劣汰的市场机制，形成广泛参与、公平公开、竞争充分的铁路物资供应市场。

营造公平竞争、良性竞争环境，是企业实现各美其美、美美与共的保障。对于国铁企业而言，有序推进竞争性环节市场化改革，需要以打造“六个市场化运营中心”为带动，充分发挥市场在资源配置中的决定性作用，加强资源统筹和协调联动；需要以深化货运市场化改革、加快发展铁路现代物流为重点，创新体制机制，加快形成面向市场、高效运行的经营模式和运行机制；需要完善联合运输进款清算规则配套机制，建设清算协商平台，为铁路运输企业公平参与联合运输创造条件，引导社会运输企业公平参与铁路运输业务；需要健全客运商业化合作经营机制，推进商业服务面向社会企业开放；需要探索物流基础设施市场化融资，鼓励支持社会企业参与投资铁路物流场站建设。

激发国铁企业内生动力和发展活力，离不开稳步推进的内部改革。重点是优化两级机关职能职责和内设机构设置，打造精干高效的组织构架。深入开展“树标杆、抓示范”创建工作，选树全路标杆站段，创建现代公司治理示范企业。优化经营业绩考核机制，完善铁路局集团公司工资增长与经营目标挂钩机制，进一步增强导向作用和激励效应。深化生产组织、劳动组织改革和人事制度改革，优化设备修程修制，巩固高铁综合维修一体化改革成果，进一步提高劳动生产率。

改革只有进行时，没有完成时。国铁企业将在更大范围、更深层次，下更大力气破除一切顽瘴痼疾，满怀激情书写铁路改革新篇章，将改革进行到底，也期待着每一名职工立足本职工作、主动投身改革，积极为深化铁路改革贡献智慧和力量。

坚守政治红线和职业底线

安全是铁路行业的“生命线”，是一切工作的前提和基础。无论是立足服务党和国家工作大局，还是聚焦满足人民群众对美好出行的需求，抑或是推动铁路高质量发展、创造更加幸福美好的生活，确保安全持续稳定一直是国铁企业的一道必答题。

一定的发展实践都是由一定的发展理念来引领的。国铁企业树

桂林动车所车载信号工正在检修库排查入库检修机车（南宁局集团公司党委宣传部供图 · 文毅 / 摄）

● 柳州工务机械段大机正在对南昆线清水河大桥进行机械清筛施工（南宁局集团公司党委宣传部供图）

牢安全发展理念，就是要深入贯彻以人民为中心的发展思想，更加自觉地把维护旅客生命安全的责任和措施落实到铁路运输生产全过程各环节，确保高铁和旅客列车安全万无一失，有力维护国家安全、社会安定和人民安宁。坚持主动预防、超前防范、源头治理，从工作理念和措施入手，进一步推动由防止事故向超前防控风险转变。同时，还要通过加强铁路安全教育，不断增强对安全工作的敬畏感，让遵章守纪在每一个铁路人身上内化于心、外化于行。

坚决守住高铁和旅客列车安全生命线。深刻认识确保高铁和旅客列车安全的极端重要性，始终把维护旅客生命安全摆在重中之重的位置，以最严的要求、最实的举措、最大的力度，压实各级各层面责任，全要素全过程管控安全风险，推动旅客列车安全保障理念和措施实现根本性提升并持续巩固。对高铁和旅客列车安全风险，宁可十防九空，不能失防万一，不仅不能发生安全事故，也不能发生重大涉险事件。

干事必有责，有责需担当。突出安全责任落实，就是要坚持“党政同责、一岗双责、齐抓共管、失职追责”和“管行业必须管安全、管业务必须管安全、管生产经营必须管安全”，健全上下贯通、齐抓共管的安全生产责任体系，更好地明责、履责、追责；就是要坚定落实铁路在维护国家政权安全、制度安全、意识形态安全，服务保障国家粮食安全、能源安全、产业链供应链安全等方面的政治责任，依法合规妥善处置各类矛盾问题，坚决防范相关风险传导演变为政治问题。

【延伸阅读】

人民至上、生命至上，确保铁路安全持续稳定

基础不牢，地动山摇。强化安全基础，就是要以完善的规章制度、优良的设备状态、标准化的人员操作、可防范可预警的外部环境为目标，始终把加强安全基础建设作为促进铁路高质量发展的治本之策，深入开展安全生产治本攻坚三年行动，加快构建现代化铁路安全保障体系；就是要持续优化铁路技术管理规程，持续深化修程修制改革，全面清理“土政策”“土规定”，推动作业标准统一规范；就是要优化站段标准化规范化建设指标体系和考评体系，打造一批标准化车间、班组；就是要持续实施职工技能提升行动，注重职工职业素养和职业道德的养成；就是要进一步加强铁路重要信息系统和关键基础设施防护，确保铁路大动脉长治久安。

● 鏖战风雪保畅通（乌鲁木齐局集团公司党委宣传部供图）

只有全面加强风险管控，才能下好安全先手棋、打好安全主动仗。一方面，以高铁和旅客列车安全为重点，坚持以预警为令，完善落实风险研判、会商决策、运行调整、抢险救灾等工作机制，严控关键环节、薄弱环节、结合部环节，加强风险管控、过程控制、应急处置和责任追究，加强技防能力建设，有效防范重大安全风险。另一方面，实行关口前移、超前研判，深入开展安全隐患排查，加大安全督导检查、问题整改力度，防范和化解各类“灰犀牛”“黑天鹅”事件，牢牢把握安全工作主动权。

强有力的制度和队伍支撑，是铁路安全工作的重要保障。比如，进一步完善安全风险分级管控和隐患排查治理双重预防机制、安全生产投入保障机制等，落实《铁路运输企业领导人员铁路交通事故和生产安全事故责任追究办法》，从严追责问责，有效防范各类事故发生。再比如，以打造国铁集团安全应急中心为带动，理顺应急管理体制，合理规划应急力量布局，组织编制综合和专项应急预案，推动应急指挥中心功能优化升级，常态化开展应急演练，构建反应迅速、协同高效、应对有力的应急指挥体系。又比如，持续加强安全监督管理队伍建设，着力打造忠诚干净担当的安全监察队伍，以高水平安全监督管理推动铁路高水平安全。

总的来说，安全生产犹如滚石上山，是一场持久战、攻坚战，须臾不能放松，丝毫不敢大意，只有把安全时刻放在心上、抓在手上、落实到行动中，才能实现铁路安全持续稳定，这需要每一名职工，努力提升自己的安全敬畏意识、遵章守纪意识和爱岗敬业意识，坚持不懈提升作业技能。

科学有序推进铁路规划建设

基础设施网络建设是交通强国的重要基础，建成发达完善的现代化铁路网是建设交通强国的重要任务。新征程上，我们必须把提升路网整体功能和效益作为主要着力点，高质量推进铁路规划建设，加快构建现代化铁路基础设施体系。

> **【名词解读】**
>
> **国家“两重”“两新”支持政策中，“两重”“两新”分别指的是什么？**
>
> “两重”是指国家重大战略实施、重点领域安全能力建设；“两新”指的是大规模设备更新、消费品以旧换新。

认真落实中央经济工作会议精神，科学统筹建设资源，合理优化施工组织，加大铁路建设实施力度，在更好统筹投资规模、更多完成实物工作量，充分发挥铁路建设的投资拉动作用方面，许多工作需要做细做实。比如，坚决落实党中央关于构建现代化基础

● 国铁企业主动服务地方经济社会发展。图为北京西站夜景（中国铁道出版社有限公司供图）

设施体系的决策部署，用足用好基础设施投资金融支持政策，加大铁路建设实施力度，充分发挥投资对扩大内需的关键作用。再比如，与地方党委政府加强沟通协调，支持城市群和都市圈建设现代化基础设施体系，支持城际铁路和市域（郊）铁路建设，推进干线铁路、城际铁路、市域（郊）铁路和城市轨道交通“四网融合”，主动服务区域协调发展战略、区域重大战略、主体功能区战略、新型城镇化战略。加快专用线、物流基地建设。鼓励和吸引更多民间资本参与铁路投资。

由规模速度型转向质量效益型是未来铁路规划建设的一个导向。首先，在高质量完成“十四五”规划目标基础上，加强与国家重大规划的统筹衔接，结合中长期铁路网规划修编，做好铁路“十五五”规划及有关专项规划编制工作，进一步完善铁路建设规划和铁路枢纽总图布局，充分发挥规划引领作用。其次，坚持需求导向和效益导向，做深做细做实项目前期工作，着力提高铁路投资效益，强化资金筹集、土地综合开发、运营补贴政策等要素保障。再次，坚持建设为运输服务理念，围绕“谋全局、算大账，抓重点、建精品，抓系统、补短板”精准发力，补齐通道“缺失段”、打通路网“瓶颈段”、畅通网络“微循环”，解决点线能力不配套、枢纽节点不衔接、部分省会城市枢纽越来越庞杂等问题，着力构建现代化铁路基础设施网络。

国铁企业集全行业之力推进川藏铁路工程建设。图为拉林铁路铺轨到林芝火车站（青藏集团公司党委宣传部供图）

在此基础上，必须科学有序推进重点项目落地。紧紧围绕精品工程、安全工程、绿色工程、创新工程和廉洁工程目标，高质量组织好川藏铁路建设。用好国家“两重”“两新”等支持政策，统筹推进国家102项重大工程中的铁路项目建设，加快实施出疆入藏、沿江沿海沿边等重要通道项目。突出联网、补网、强链，加快实施货运网络工程，推进既有车站升级改造，提升路网整体功能。

与此同时，还需不断提升建设管理水平，重点从以下几个方面着手：健全铁路建设管理制度标准体系，完善铁路建设质量安全与招投标挂钩、建设管理人员责任追究办法，抓实建设单位首要责任和施工单位主体责任，强化招投标监管和后评估工作。广泛应用数智技术、绿色技术，推动绿色设计、绿色施工，纵深推进建设标准化管理，打造铁路精品工程按照市场化原则，研究改进地方投资或非控股项目代建方式和管理模式。

【延伸阅读】

胸怀大局、挺膺担当，科学有序推进铁路规划建设

人享其行、物畅其流，全面提升运输服务保障能力

建好管好覆盖全国的现代化铁路网，是一代又一代铁路人的梦想与追求。未来，铁路人将继续保持开路先锋的气魄，以一流的铁路建设管理、一流的铁路建造技术、一流的铁路工程质量，打造更多的精品工程。

全面提升运输服务保障水平

当前，铁路运输进入高质量发展新阶段，持续深化运输供给侧结构性改革，管好用好现代化铁路网，提升铁路运输保障能力，国铁企业推出了一系列重大措施。

全面提升运输服务保障水平，必须持续提升客运产品供给质量。重点是以丰富产品、带动需求为主线，发挥国铁集团客运中心职能作用，统筹用好高铁和普铁资源，强化产品统筹设计和营销体系建设。优化高铁产品结构，提升普铁旅客列车开行品质，全面增加客运产品有效供给，持续扩大铁路客运市场份额。建立健全铁

路旅游列车产品谱系和标准体系，推进旅游列车市场化经营，助力发展旅游经济、冰雪经济、银发经济。完善高铁票价市场化调整机制，充分激发有潜能的客运消费。修订旅客运输服务质量规范，持续开展客运品质提升专项活动，推动站车服务与管理数字化升级，进一步改善旅客出行体验。

全面提升运输服务保障水平，必须加快铁路现代物流体系建设，在降低全社会物流成本中发挥铁路作用。以推进货运市场化改革、做大货运增量为主线，发挥国铁集团现代物流中心职能作用，加快推进铁路货运向现代物流转型发展。围绕完善现代物流产品体系，

万吨长龙交会飞驰（呼和浩特局集团公司党委宣传部供图）

用优质服务为铁路运输提质增能创效（昆明局集团公司党委宣传部供图）

大力发展物流总包、全程物流、货运班列等产品，探索用好高铁快运功能，推进多式联运“一单制”运输，建立铁路主导的接取送达网络，深化铁路物流供应链金融创新，增强货运市场竞争力。围绕完善现代物流价格管理体系，持续优化运价规则和定价管理办法，更好应对市场变化。围绕完善现代物流装备设施体系，加快推进物流场站转型升级，打造智能化物流基地示范项目，提升物流基础设施服务支撑能力。持续深化运输结构调整，推动批量散货和中长途运输货物“公转铁”，按照客车化组织模式，扩大货运班列开行规模，提升运输时效和服务品质，建好用好铁路专用线，积极推动铁路专用线进码头、进园区、进厂矿，全力促进引流上线。

全面提升运输服务保障水平，必须全面推进运输组织创新。着眼发挥市场对运力资源配置的决定性作用，完善列车运行图定期调整机制，精准增加重点区域客货能力，加快推进运行图智能编制，健全运行图综合分析评价系统，切实将运行图打造成为市场图、效益图。统筹路网能力，加强车流动态调整，积极协调跨局机力运用，创新优化车站作业组织，合理安排主要干线集中修，加强新一代运输调度指挥平台建设应用，推动运力供给与运输需求相适应。

从“走得了”“运得出”到“走得好”“运得畅”，从满足“基本需求”到追求“享受体验”，实现人民群众对铁路运输和服务品质的新期待，铁路人永远在路上。

全面提升经营质量和效益

善于经营，方能持续发展。坚持向市场要效益、向管理要效益，改革创新经营管理机制，大力推进集约化经营，促进提质降本增效，是国铁企业推动高质量发展的一项重要任务。

以市场化经营为导向，国铁企业才有更强的核心竞争力。推进铁路市场化经营，需要以建设国铁集团财务运营中心为带动，健全财务数据标准规范，打通业财数据壁垒，促进业务与财务协同贯通，打造经营管理数智化决策服务平台。需要健全现代预算管理制度，全面统筹各项资源，深化零基预算改革。需要创新运力资源市场化配置方式，研究建立旅游列车溢价分成机制，探索推进热门区段旅客列车运力资源市场化配置、货运能力紧张区段市场化经营。需要探索动车组、机车检修基地内部模拟市场化运作。需要规范资产资源经营开发，实行一体经营、一体管理、一体考核，坚决清理“九严禁”业务，深化非运输领域参股投资、境外股权投资清理工作。需要充分发挥铁路投资、财务、保险、融资租赁等专业公司平台作用，推动金融更好服务铁路高质量发展。

● 高铁列车乘务员向旅客介绍特色商品（济南局集团公司党委宣传部供图）

坚持依法治企是提升铁路治理能力、推动铁路高质量发展的必然要求。深化法治国铁建设必须完善合规风险管理体系，健全重大经营管理项目铁路律师全程参与机制，推行合同全过程管理，加强重大决策法律论证。必须健全依法维权工作机制，强化以案促管、以案促治。必须加强涉外法治工作。必须推进中国铁路卓越品牌建设，打造驰名商标。必须协调推动地方人大制定出台铁路安全地方性法规。必须开展精准普法、以案普法，不断提高全员的法治意识。

加强铁路经营管理，还得做好节支降耗的必答题。比如，严肃预算纪律，优化支出结构，坚持把资金用于保安全、提效率、增效益的重点项目，不搞政绩工程、形象工程。比如，加强国铁采购平台建设，发挥物资采购节支考核激励作用，优化存量物资结构，提高物资采购效益。再比如，各级机关带头过紧日子，进一步压减经

京港高铁安九段鳊鱼洲长江大桥（南昌局集团公司党委宣传部供图）

费支出。又比如，积极争取财税、金融、社保等各类优惠政策。

着力防范化解经营风险，国铁企业就能更好地健康发展。有效防控化解经营风险，需要严格落实防范化解铁路债务风险工作方案，科学确定年度债务融资规模，稳步降低铁路负债率。需要推进合资公司区域重组和股权划转，优化国铁资本布局，改善合资公司经营状况。需要抓好中央巡视审计反馈问题整改，务实高效开展铁路内部巡视审计监督，发挥巡视审计对中心工作保驾护航作用。需要加强境外企业、机构、项目和人员管理，防范境外业务风险。

经营质量和管理水平，事关铁路健康发展，事关职工工资收入。全面提升国铁企业提质降本增效能力和铁路全要素生产率，推动国铁企业由运输生产型向市场经营型转型发展，确保国有资产保值增值，还需付出更多努力。

提高铁路科技自立自强能力

是什么让中国高铁从追赶者逆袭为领跑者，成为令国人骄傲的“国之重器”，成为令世人瞩目的“中国名片”？中国铁路继续领跑世界，计将安出？答案就是推进科技创新自立自强。

关键核心技术买不来、等不来、讨不来。推进铁路产业体系自主可控和安全可靠，必须系统总结中国高铁的创新经验，持续深化铁路自主创新，巩固提升我国高铁领跑地位。推进关键核心技术攻关和应用型技术创新，聚焦关键核心技术和零部件“卡脖子”薄弱环节，集中优质资源合力攻关，持续推进川藏铁路重点专项攻关和成果试用推广，持续深化 CR450 科技创新工程，推进智能高铁技术攻关；按照技术先进、自主可控、成熟经济、精准实用原则，加快推进自主化国产化替代、应用型技术攻关和成果转化，发挥科技在保障安全、支撑建设、提质创效等方面的赋能作用。布局开展基

在高寒地区“奔跑”的复兴号动车组列车（呼和浩特局集团公司党委宣传部供图）

础理论研究，着力打造铁路原创技术策源地。

网络化、数字化、智能化是铁路现代化的发展方向。重点是以建设国铁集团信息数据中心为带动，加强铁路数字基础设施建设，推进铁路数字化转型，推动铁路业务融合、流程贯通和数据共享；深化智能铁路技术创新，实施京沪高铁智能化提升工程，开展大秦重载铁路智能化提升研究，推进数智化场站、智慧口岸建设；加强网络安全和信息化建设，强化全路互联网出口管控，稳步推进信创替代，提升网络安全和数据安全保障能力；制定实施铁路大数据应用三年行动计划，研究建立铁路领域人工智能大模型，提升铁路全业务领域数智化水平。

【延伸阅读】

锐意进取、勇攀高峰，以科技创新引领新质生产力发展

人才和制度是铁路科技创新的重要支撑，完善铁路创新体系必须着眼强队伍、建机制。从人才支撑看，重点是坚持面向服务国家重大战略、面向铁路建设运输主战场、面向世界铁路技术前沿，统筹铁路行业各方力量和各类资源，建设国铁集团科技创新中心，打造国家铁路战略科技力量，发挥铁路科技创新联盟和铁科院作用，支持各类科技创新产品在国铁企业先行先试。从机制支撑看，主要是健全完善铁路科技创新研发机制、支持机制、评价机制，推动产学研用深度融合，加快形成目标一致、同向发力、共赢发展的铁路技术创新体系。

惟创新者进，惟创新者强，惟创新者胜。铁路人正瞄准世界铁路科技前沿，进行着最具挑战性的生动实践。相信随着铁路关键核

心技术的攻关、应用科技成果的推广，铁路科技自立自强的能力不断提高，必将为中国铁路高质量发展提供更加充沛的动力。

更好地服务支撑国家重大战略

作为国家铁路、人民铁路，服务党和国家工作大局，是国铁企业应尽之责和题中之义，我们每一名铁路人都身在其中、功在其中。

服务区域经济社会发展，是国铁企业政治属性的具体体现。需要深刻领会党中央战略意图，更加主动自觉对接和服务支撑国家重大战略，着重围绕西部大开发、东北全面振兴、京津冀协同发展、长江经济带发展、长三角一体化发展、黄河流域生态保护、粤港澳大湾区发展、成渝地区双城经济圈建设等区域协调发展战略，发挥国家铁路在规划、建设、技术、管理等方面的行业优势，高质量推进铁路规划建设，强化铁路运输服务保障能力。

【延伸阅读】

加快建设世界一流铁路企业，为推进中国式现代化作出新的更大贡献

服务扩大高水平对外开放，是铁路义不容辞的责任。就是要高质量服务共建“一带一路”和国际产能合作，充分发挥国铁集团在中欧班列国际铁路合作机制和国内中欧班列运输协调委员会的主导、牵头作用，加强与各方的协作，提升通道运输能力，提高班列开行质量。就是要加强西部陆海新通道班列与中欧班列衔接，持续做大班列运量、提升班列运行品质，创新国

● 国铁企业坚持优化提升公益性“慢火车”开行质量，全面助力乡村振兴（成都局集团公司党委宣传部供图）

际联运模式，保障国际产业链供应链安全。就是要切实管好用好中老铁路国际大通道，推动雅万高铁、匈塞铁路塞尔维亚贝诺段持续安全稳定运营，高标准高质量推进中吉乌铁路和中泰铁路建设。就是要在保持自身既有发展优势的同时，加快中国铁路国际化进程，积极参与国际铁路重大问题研究，推动中国铁路技术标准转化运用，主动讲好铁路“走出去”故事。

贯彻落实党中央关于推进乡村全面振兴的重要部署，铁路还有很多工作要做。一方面，学习运用“千万工程”先进经验，加强革命老区、民族地区、边疆地区及脱贫地区铁路基础设施建设，助力加快融入国家现代化进程；另一方面，用心做好铁路建设、运输和帮扶工作，精准优化脱贫地区列车开行，深化“乡村振兴列车+”服务品牌和“产运销+农文旅”帮扶模式，加强乡村物流体系建设，实施一批乡村振兴示范项目和可感可及的实事项目，为建设宜居宜业和美丽乡村提供有力支撑。

铁路是公认的绿色交通工具，在服务推进生态文明建设和绿色低碳发展上大有可为。比如，稳妥推进国家铁路碳达峰，助力打赢蓝天、碧水、净土保卫战；比如，深入推进“公转铁”，提高铁路承运比重；再比如，优化铁路能源结构，提高能源利用效率，减少污染物排放，防治噪声污染，推广高效清洁的铁路运维工艺和技术装备，因地制宜开展沿线绿化，建设绿色美丽的万里铁道线。

没有最好，只有更好。作为党执政兴国的重要支柱和依靠力量，中国铁路必将不负党和人民重托，在服务国家战略和经济社会发展中全力以赴、一往无前。

以高质量党建引领保障铁路高质量发展

坚持党的领导、加强党的建设是国有企业的“根”和“魂”。新征程上，国铁企业必须着力抓党建、强党建，深入实施“党建强路”工程，切实把政治优势、组织优势转化为竞争优势、发展优势，以高质量党建引领保障铁路高质量发展。

党的政治建设是党的根本性建设，决定着国铁企业党的建设方向和效果。坚持把党的政治建设摆在首位，必须坚决贯彻落实习近平总书记重要指示批示精神和党中央重大决策部署，在谋划重大战略、研究重大事项、制定重大措施、部署重大任务时，自觉对标对表，及时校准偏差、完善思路、保证落实。必须坚持不懈用党的创新理论武装头脑，深入学习宣传贯彻习近平新时代中国特色社会主义思想，做到学以致用、知行合一。必须严明政治纪律和政治规矩，坚决反对“七个有之”，做到“五个必须”，加强党性修养，不断提高政治判断力、政治领悟力、政治执行力。

【延伸阅读】

《旗帜》刊文：国铁集团党组书记谈促进铁路高质量发展

党的组织是党的全部工作和战斗力的基础，是确保党的路线方针政策和决策部署在国铁企业得到贯彻落实的基础。把党的组织建设得更加坚强有力，就是要全面加强国铁集团各级党委自身建设，履行好把方向、管大局、保落实的职责。坚决落实“两个一以贯之”，完善坚持党的领导工作制度。深化新时代基层党组织建设“强基提质”工程，推进基层党建工作理念、机制和手段创新。抓好党支部书记队伍建设，注重从班组长、预备班组长队伍，以及高铁高原高寒重载等领域发展党员。加强党员教育管理培训和党内激励关怀帮扶，分领域深化党内创先争优、立项攻关活动，促进党组织、党员围绕中心发挥作用。加强领导班子和干部队伍建设，加快培养选拔优秀年轻干部，健全干部人才队伍建设体系，深化干部人事制度改革，努力打造一支政治过硬、适应新时代要求、堪当铁路高质量发展和现代化建设重任的领导班子和干部人才队伍。

宣传思想文化工作事关凝聚力向心力。聚焦举旗帜、聚民心、育新人、兴文化、展形象，加强宣传思想文化工作，重点是压紧压实意识形态工作责任，严格落实“两个所有”的要求，确保铁路意识形态领域安全。加强爱党爱国爱路爱岗教育，常态化开展形势任务教育，加大典型选树宣传力度，做细做实思想政治工作，统一思想、凝聚共识、激发干劲。坚持以文化人，推动铁路企业文化创造性转化、创新性发展，深化铁路安全、服务、经营等文化建设，培育特色文化，加强铁路精神文明创建，不断丰富精神家园。以正面宣传为主，把握正确导向，讲好铁路服务经济社会发展、干部职工拼搏奉献的故事，加强铁路舆情引导，为建设世界一流铁路企业营造良好舆论环境。

纪律严明是党的光荣传统和独特优势。坚持不懈正风肃纪，就是锲而不舍落实好中央八项规定精神，抓住突出问题开展专项整治，严防隐形变异、顶风违纪等问题。就是持续深化拓展整治形式主义为基层减负，重点整治基层工作过度留痕、现场作业层层加码等问题，教育引导领导干部和两级机关转变工作理念和方式，从“解决一个问题”向“解决一类问题”延伸。就是树牢以人民为中心的发展思想，在铁路各项工作中走好新时代党的群众路线，树立求真务实、真抓实干的鲜明导向，发扬斗争精神，以改革创新的思维，研究和解决工作实践中遇到的问题。就是对违反党纪的问题，发现

西铁教育培训基地党建广场（西安局集团公司党委宣传部供图）

一起坚决查处一起，精准运用“四种形态”，对苗头性、倾向性问题，及时提醒教育，抓早抓小、防微杜渐。

反腐败是党一贯坚持的立场，是必须常抓不懈的重大政治任务。一体推进不敢腐、不能腐、不想腐，我们还有许多工作要做。比如，持续保持惩治腐败高压态势，紧盯重点问题、重点领域、重点人员，严肃查处不收敛不收手典型案件。比如，持续整治群众身边不正之风和腐败问题，健全不正之风和腐败问题同查同治机制，推动正风反腐一体深化。比如，聚焦运输管理、工程建设、物资采购、经营开发等重点领域，健全廉洁风险防控机制，从源头防范和遏制贪腐问题。比如，持续深化“靠路吃路”问题专项整治，落实领导人员违规插手干预重大事项记录报告制度，着力阻断腐败滋生蔓延。再比如，深化推进以案促改促治，推动办案、整改、治理贯通融合，发挥查处一案、警示一片、治理一域的综合效应。

群团工作是党的工作的重要组成部分。做好新时代群团工作重点是推动铁路产业工人队伍建设改革走深走实，广泛开展劳动技能竞赛和群众性创新创造活动，加强企业民主管理，用心用情做好职工维权服务工作，持续构建和谐劳动关系。强化铁路青年政治引领，深化青年科技创新创效活动，持续加强青年突击队建设，发挥党联系青年的桥梁纽带作用，千方百计为青年办实事、解难事，服务铁路青年成长成才。

推动党建和业务融合，是国铁企业必须履行的政治责任。就是既要防止重业务轻党建现象，又要防止游离于业务之外的“两张皮”党建，善于“两手抓、两手都要硬”，推动党建与业务工作同向发力、同频共振。就是要推动构建责任清晰、上下衔接贯通的党建工作责任体系，创新党建工作载体平台，推动党建和业务责任互融互促，为目标任务完成提供有力支撑。就是要加强顶层谋划部署，完善党建工作和改革发展同步推进的机制，健全考核评价机制，推动党建工作与经营工作一体化考核，形成抓党建促业务的良好局面。就是要持续加强干部教育培训、实践锻炼，有序推进党务干部与业务干部双向交流，加快培养复合型干部，全面提高干部队伍抓改革、促发展、强党建的能力。

旗帜引领方向。新的赶考之路上，铁路人在党的旗帜下必将团结成“一块坚硬的钢铁”，依靠奋进拼搏打开铁路事业发展新天地。

点　睛

事必有法，然后可成。在今后一个时期，国铁企业的中心任务就是推动铁路高质量发展，加快建设世界一流铁路企业，努力为以中国式现代化全面推进强国建设、民族复兴伟业贡献力量。这既是一个清晰宏伟的目标，也是一个复杂庞大的工程，如无良策，不谋实招，梦想很可能就成了空想。

过河，首先得解决桥和船的问题。

国铁企业在描绘铁路现代化建设的宏伟蓝图时，紧紧围绕各领域的现代化，同步明确了其实现路径。比如，坚定不移贯彻总体国家安全观，在高水平安全保障铁路高质量发展上，提出“牢牢把握铁路安全工作新理念新策略新方法”；在构建现代化基础网络上，明确“补齐通道‘缺失段’、打通路网‘瓶颈段’、畅通网络‘微循环’”的攻坚方向；在提升铁路运输质量上，确定提质增能创效的目标要求……这一系列重点任务和具体举措，可谓“干货”满满、条条“硬核”，既讲铁路人未来怎么干，又讲干成什么样；既是铁路率先实现现代化的务实之举、制胜之道，也是对以往实践经验的深刻总结、科学运用。

有了统一的目标，就有了前进方向；有了务实的举措，就有了“过河”的“桥和船”。

以众人之力起事者，无不成也。

铁路是一个大联动机，作业联劳、设备联动，可以说，一个系统甚至一个单位工作滞后，都可能引发“蝴蝶效应”，影响整个铁路现代化的进程和质量。因此，在推进铁路高质量发展、建设世界一流铁路企业的生动实践中，无论什么岗位、什么工种，人人都有责任、人人都是主角，必须心往一处想、劲往一处使，全力以赴把规划图变成施工图，把时间表变成计程表，把任务单变成成绩单。

一分部署，九分落实。再美的蓝图、再好的举措，不执行、不落实就等于零。

现如今，网络流行词“划水”“摸鱼”备受热议，暗指那些在工作中偷奸耍滑、人到心不到的行为。工作生活中总有个别人，每天风风火火、忙忙碌碌，但工作却总是一拖再拖、不见结果。通俗说，只是看起来很努力。率先实现铁路现代化，绝不是等得来、喊得来的，必须是脚踏实地干出来的。无论什么工作，干没干，固然重要，但更重要的是干得怎么样。实干，就是按照既定的目标和路径，坚定不移、坚持不懈抓落实、见成效；实干，就是结合岗位职责和工作实际，明确主攻方向，突出工作重点，分清轻重缓急，不折不扣、科学灵活抓落实、见成效。

蓝图已绘就，奋进正当时。推动铁路高质量发展，加快建设世界一流铁路企业，更好服务和支撑中国式现代化，是铁路人新的光荣征程，只要下定决心、找准方向、埋头苦干，就一定能实现铁路强国梦。

复兴号“绿巨人”载着旅客驰骋在美丽的天山脚下（乌鲁木齐局集团公司党委宣传部供图）

6

文化篇 · 以文化人聚合力

——如何进一步坚定铁路文化自信、守牢铁路精神根脉?

文化是一个国家、一个民族的灵魂。文化兴则国运兴，文化强则民族强。人类社会每一次跃进，人类文明每一次升华，无不伴随着文化的历史性进步。历经几千年的中华民族之所以能战胜一次次艰难险阻，一个很重要的原因就是培育和发展了独具特色、博大精深的中华文化。

2023 年 10 月 7 日，党中央召开全国宣传思想文化工作会议，首次正式提出并系统阐释了习近平文化思想。这一重要思想深刻回答了新时代我国文化建设举什么旗、走什么路，坚持什么原则、实现什么目标等根本问题，是新时代党领导文化建设实践经验的理论总结，是对马克思主义文化理论的丰富和发展，是习近平新时代中国特色社会主义思想的文化篇。

文化是实现中华民族伟大复兴的重要力量源泉，也是推动高质量发展的重要支点。中国铁路在波澜壮阔的发展历程中，积淀了深厚的文化底蕴，形成了丰富的文化宝库，培育的铁路企业文化凝结着一代代铁路人所创造、传承、践行的理想信念、价值追求和行为规范，深刻反映和代表着铁路行业的核心价值观、整体气质和精神品格。

党的十八大以来，国铁企业坚持以习近平新时代中国特色社会主义思想为指导，广泛践行社会主义核心价值观，丰富完善铁路精神谱系，大力传承铁路优秀传统文化，持续深化安全、服务、经营等铁路重要工作领域文化建设，积极培育高铁、重载铁路、川藏铁路等铁路重点发展领域文化，扎实推进车间班组家园文化，铁路企业文化以深厚的底蕴、延绵的传承、系统的理念、鲜明的特色、丰富的形式，渗透到铁路工作的方方面面，为新时代铁路高质量发展提供了强有力的精神动力和文化支撑。新征程上，围绕建设物质文明和精神文明相协调的现代化，我们要发挥好铁路国民经济大动脉和社会主义精神文明窗口的作用，主动坚守好“阵地”，大力传承铁路红色基因，繁荣发展铁路文化事业和文化产业，切实担负起新时代国家铁路新的文化使命。

学习金句

◎自信才能自强。有文化自信的民族，才能立得住、站得稳、行得远。

◎没有高度的文化自信，没有文化的繁荣兴盛，就没有中华民族伟大复兴。

大力弘扬以“人民铁路为人民”为核心的铁路精神

在中国共产党100多年的发展历程中，面对不同时期党的使命任务，铁路人始终响应号召、听从指挥，在革命、建设、改革发展实践中坚守初心、锤炼品格，形成了以“人民铁路为人民”为核心的铁路精神谱系。其中，“二七”精神、“毛泽东号”精神、“铁牛号”精神、小东精神、福生庄精神、成昆精神、“158”精神、巴山精神、大秦重载精神、青藏铁路精神，最具时代性、先进性和代表性。这些伟大精神，熔铸了铁路人始终听党话、永远跟党走的红色基因，一直牢牢印在中国铁路历史深处，并深深融入时代脉动之中。

“二七”精神

“二七”，对于铁路人来说不只是一个简单的数字，而是精神源头的标识。1923年2月，为了反抗反动军阀和帝国主义的压迫，京汉铁路3万多名铁路工人进行全路总罢工，不到3小时，千里京汉线全线停运。2月7日，反动军阀对手无寸铁的工人进行了血腥屠杀，制造了骇人听闻的二七惨案。共产党员、铁路工人林祥谦被捕后高喊“我头可断，血可流，工不可复”，英勇就义；劳工律师施洋大声疾呼“我不怕人，不怕事，不怕死，堂堂做人，反对强暴，你们杀了一个施洋，还有千百个施洋”，从容赴死。二七惨案前后牺牲者

微视频

铁路精神谱系
第一讲：“二七”精神

● “二七”烈士纪念碑（武汉局集团公司党委宣传部供图）

微视频

二七纪念馆网上展馆

有52人，铁路工人用鲜血写下了壮丽史诗，展示了高度的组织纪律性和团结战斗的伟大力量，铸就了“英勇、团结、牺牲、奉献”的“二七”精神。

现在，二七大罢工虽已过去百年，但它留下的浩然正气始终激励着一代又一代铁路人听党话、跟党走，在祖国和人民最需要的时候挺身而出、不怕牺牲，为实现国家富强、人民幸福前赴后继，不断书写新的篇章。

“毛泽东号”精神

微视频

铁路精神谱系

第二讲：“毛泽东号”精神

“毛泽东号”，这台以伟人名字命名的机车，自 1946 年 10 月 30 日命名以来，已经在祖国大地上驰骋了 70 多年。解放战争时期，“毛泽东号”穿梭在枪林弹雨中，践行着“解放军打到哪里，铁路修到哪里，‘毛泽东号’机车就开到哪里”的誓言；社会主义建设时期，“毛泽东号”向全国产业工人发出竞赛倡议，多拉快跑，成为名副其实的“火车头”。此后，在唐山大地震、抗击非典、驰援汶川、抗击新冠疫情等一场场大战

“毛泽东号”机车组学技练功提升业务技能（北京局集团公司党委宣传部供图）

大考面前，“毛泽东号”迎难而上、冲锋在前，护送医护人员、抢运救灾物资，总是趟趟安全、列列正点。从战火纷飞的年代一直奔跑到今天，“毛泽东号”经历了5次换型，安全走行1200万公里，形成了“报效祖国、忠于职守、艰苦奋斗、永当先锋”的“毛泽东号”精神。

在滚滚向前的车轮中，铁路人始终传承和践行“毛泽东号”精神，把爱国之情、报国之志融入血脉中、刻进骨子里，用实际行动树立起铁路运输线上一面勇往直前的旗帜。

●“铁牛号”精神

在解放战争期间“死机复活”运动中诞生的“铁牛号”，寓意“铁道线上昂首奋进、苦干实干、任劳任怨的老黄牛”。1950年11月，“铁牛号”机车组随10多万名铁道兵指战员和铁路干部职

● “铁牛运动”纪念碑（哈尔滨局集团公司党委宣传部供图）

微视频

铁路精神谱系

第三讲："铁牛号"精神

工跨过鸭绿江入朝作战。在朝鲜战场上，"铁牛号"机车组凭着机智和勇敢，巧妙与敌人周旋，白天躲在山洞中整修，夜晚突击抢运，把一列列军用物资源源不断地送到目的地，用鲜血和生命铸起了一条打不断、炸不烂的钢铁运输线，以实际行动诠释了"为国分忧、艰苦奋斗"的"铁牛号"精神。

如今，奔跑在滨洲线上的"铁牛号"机车，依然昂首奋进、苦干实干、任劳任怨，成为新时代为民服务的孺子牛、创新发展的拓荒牛、艰苦奋斗的老黄牛。

●小东精神

小东精神发源于辽宁省锦州市的一座四等小站——小东站。新中国成立之初，百废待兴，铁路承担着为国民经济恢复提供运输保障的重任，安全畅通至关重要。在设施设备极为简陋的条件下，小东站实现安全生产 3000 天，创全路中间站的最高纪录，形成了"一点不差，差一点也不行"的小东精神。70 多年来，行车设备几经换代，作业方式不断更迭，干部职工换了一茬又一茬，但小东精神代代传承，"党叫干啥就干啥，干啥就要干好啥"的决心从未改变，扛着红旗不歇脚，站在排头不松劲，守护安全的信念坚如磐石。

微视频

铁路精神谱系

第四讲：小东精神

如今，站长带职工、师父带徒弟、老人带新人、劳模带骨干，小东精神在薪火

● 改建后的小东站（沈阳局集团公司党委宣传部供图）

相传的实践中不断发展丰富，也必将在推动铁路事业继往开来中成为铁路人的价值追求和自觉行动。

●福生庄精神

福生庄精神诞生于内蒙古自治区卓资县内京包铁路干线上的福生庄线路工区。走进福生庄线路工区的大门，可以看见三个显眼的大字——“不走样”，这三个字就是福生庄精神。福生庄线路工区承担着京包铁路干线咽喉要道的养护维修任务。这里的职工对工区还有一个爱称，就是“1435研究所”。1435毫米是两根钢轨间的

● “不走样”宣传牌（呼和浩特局集团公司党委宣传部供图）

微视频
铁路精神谱系
第五讲：福生庄精神

标准距离，如何让轨距永远保持1435毫米的标准不走样，这是一代代福生庄铁路人每天都在研究的课题。自1948年工区成立以来，“不走样”精神代代相传，“福生庄人不违章，违章就不是福生庄人”成为这里的铁法则。

踏上新征程，铁路人已走过千山万水，还要继续跋山涉水，正需要这样一股“不走样”的精神力量，披荆斩棘、共渡难关，谱写率先实现铁路现代化的崭新篇章。

●成昆精神

微视频
铁路精神谱系
第六讲：成昆精神

成昆精神成形于成昆铁路建设和运营的历程中。毛泽东同志高度重视成昆铁路建设，指出“成昆路要快修”。1958年成昆铁路开工建设，1970年建成通车，代表了当时我国铁路建设的最高水平。沿线崇山峻岭连绵，深涧激流密布，地质条件极其复杂，被称作“地质博物馆”“筑路禁区”，修建过程十分艰难。以铁道兵为主力的筑路大军克服千难万阻，甚至付出巨大的生命代价，建成成昆铁路，创造了人类战胜恶劣自然环境的奇迹。投入运营以来，铁路职工又以“治山斗水保畅通、团结务实创一流”的斗志，创造了战胜自然灾害、确保安全畅通的奇迹。“战山斗水、坚守奉献、创新争先”的成昆精神，在一代代铁路人的拼搏中铸就，在一代代铁路人的坚守中闪耀。

成昆铁路运营管理进入新时代（成都局集团公司党委宣传部供图）

成昆精神是艰辛历程的文化积淀，是时代发展的升华凝结，激励着我们接续奋斗、开拓进取，在推动铁路高质量发展、率先实现铁路现代化的火热实践中擂鼓勇进。

“158”精神

微视频

铁路精神谱系第七讲：“158”精神

“敬业爱岗甘当螺丝钉，无私奉献甘当践行者，温暖社会甘当一团火”的“158”精神，是南京站在数十年如一日学雷锋行动中形成的服务精神。早在20世纪60年代，南京站就在学雷锋热潮中成立了学雷锋小组，为困难旅客提供义务服务。2000年，为推动学雷锋常态化，“158”雷锋服务站诞生。“158”即“义务帮”的谐音，体现铁路志愿服务的特色。“158”的职工从“上班早到一小时、下班晚走一小时”，利用业余时间帮助旅客免费运送行李、送站上车，到总结形成“五到位、五帮助、五免费、五感受、五字亲情服务”的“五五工作法”，再到高铁时代创新服务手段，开创预约服务、上门服务、订制服务等新模式，与“上铁雷锋服务站”和全路多家车站、列车之间建立联网接续式服务机制，实现了车站之间、站车之间的网络信息互通和困难旅客服务的无缝对接，始终让铁路服务紧跟时代发展步伐，不断满足人民群众对美好出行的向往。

● 南京南站“158”雷锋服务站职工热情服务旅客（上海局集团公司党委宣传部供图）

弘扬和践行“158”精神成为南京站的一种潮流、一种时尚，一代代铁路人坚持乐行小善成大美，成为新时代的“雷锋传人”！

●巴山精神

“艰苦奋斗、无私奉献、务实创新”的巴山精神源于巴山铁路站区。这里地处大巴山腹地，是襄渝铁路的海拔最高点，“抬头一线天，低头是深涧，天天云雾罩，半年雨绵绵”是这里的真实写照。站区交通不便，物资匮乏，生活条件异常艰苦，因为雨季长、水流多，线路病害频发，这里的铁路曾是全路出了名的重点病害区段。

大山深处的巴山站区（西安局集团公司党委宣传部供图）

微视频

铁路精神谱系
第八讲：巴山精神

巴山铁路人一代代坚守，硬是靠着韧劲、干劲和闯劲接续奋斗，在极其困难的条件下把难以整治的铁路区段整治好。他们维护的大巴山 2 号隧道起初列车限速 15 公里 / 时。几位外国专家来查看后，给隧道判了“死刑”：要么报废，要么重建。历经 40 多年整治，如今列车经由巴山的速度提到 90 公里 / 时，是原来的 6 倍，一条安全“担心线”变成了“放心线”。曾给隧道判了“死刑”的几位专家后来惊叹道：“这是一种顽强的精神所创造的奇迹。”

巴山莽莽，精神熠熠。无论时代如何发展，技术如何进步，铁路人传承发扬巴山精神，坚守铁路安全的信念始终没有变，也永远不会变。

●大秦重载精神

1988 年开通运营的大秦铁路被誉为“中国重载第一路”，一头连着煤炭主产区晋北蒙西，一头连着渤海之滨的秦皇岛港，是我国煤炭运输的主要通道。这条铁路设计年运量 1 亿吨，2002 年达到了设计运量后，经过两次大型扩能改造，大秦铁路不断加强运输组织、加密列车运行，常态化开行 2 万吨重载列车，如今最高年运量已突破 4.5 亿吨。肩负服务国计民生发展重任的大秦铁路，从迎峰度夏到抗冰救灾，从打破铁路运输瓶颈

微视频

铁路精神谱系第九讲：大秦重载精神

● “钢铁巨龙”蜿蜒在大秦铁路线上（太原局集团公司党委宣传部供图）

到打造中国重载品牌，历经30多年的负重前行，累计货运量突破89亿吨，连续创造并保持列车开行密度最高、运行速度最快、运输效率最优、单条铁路运量最大等多项重载铁路世界纪录，也孕育了“负重争先、勇于超越”的大秦重载精神。

征途漫漫，惟有奋斗！奋进新征程，大秦重载精神必将激励一代代铁路人不断追赶、不断超越，昂首阔步走好中国特色的重载发展之路！

●青藏铁路精神

修建青藏铁路，是中国人长久以来的梦想。20世纪50年代，青藏铁路开始线路勘测；1984年5月1日，西宁至格尔木段开通；2006年7月1日，格尔木至拉萨段开通。铁路人以不畏艰险的英雄气概和求真务实的科学态度，挑战生理极限，以惊人的毅力和勇气战胜了各种难以想象的困难，攻克了高寒缺氧、多年冻土、生态脆弱三大世界性难题，成功建设运营了世界一流高原铁路，孕育形成了“挑战极限、勇创一流”的青藏铁路精神，是中国共产党人精神谱系的重要组成部分，是中华民族的宝贵精神财富。

如今，青藏铁路、拉日铁路、拉林铁路、格库铁路等线路共同编织着青藏高原的铁路网，实现第二个百年奋斗目标进程中的标志性工程川藏铁路建设如火如荼，一条条“天

微视频

铁路精神谱系第十讲：青藏铁路精神

西宁客运段荣展室网上展馆

路”给藏家儿女带来了幸福和吉祥。站在新时代的历史起点，广大铁路干部职工将继续高扬“挑战极限、勇创一流”的青藏铁路精神旗帜，踔厉奋发、砥砺奋进，在实现第二个百年奋斗目标的道路上加速奔跑，在实现中国梦的伟大征程中书写更加壮丽的篇章！

青藏铁路格拉段进行换轨作业（青藏集团公司党委宣传部供图）

传承发展铁路优秀传统文化

在铁路 100 多年的发展历程中，积淀的精神理念、形成的优良作风、流传的红色故事、留存的文物实物等精神文明和物质文明，构筑形成了铁路优秀传统文化。党的十八大以来，国铁企业坚持中国特色社会主义文化发展道路，以社会主义核心价值观引领文化建设，大力传承弘扬铁路优秀传统文化，推动实现创造性转化、创新性发展，有效激发了铁路人的文化自信，汇聚起建功新时代的强大动力。

铁路有着与生俱来的红色基因和丰厚的文化积淀。铁路文化发轫于革命战争时期，贯穿社会主义建设与改革各阶段，始终与党和国家发展同频共振。“始终听党话、永远跟党走”的红色基因、

“人民铁路为人民”的根本宗旨、基于“高大半”行业特点形成的“严字当头、铁的纪律”的行为习惯等，既是我们的文化精髓，也是我们的独特优势。国铁企业深入挖掘铁路优秀传统文化内涵，开展铁路精神谱系研究，推出阐释解读文章，推动青藏铁路精神列入中国共产党人精神谱系，制作“人民铁路为人民”宣传片，编辑出版《铁路红色基因》《铁路红色故事》等一大批优秀图书，着力培育“书香铁路”品牌，开行“书香列车”，打造“书香驿站”。现如今，“书香铁路”品牌在铁路职场和媒体平台广泛传播，“郑在阅读”“鸿雁阅读”等一批读书活动品牌大受追捧，这是我们传承铁路优秀传统文化的重要方式。

微视频

2025 年第四届全民阅读大会“书香铁路·我喜爱的好书”推介活动

（图片、视频由中国铁道出版社有限公司提供）

铁路文化遗产，见证并记录着中国铁路的发展变化，是铁路优秀传统文化的重要载体。铁路文化遗产不是冰冷的物件，也不仅仅是站房、桥梁、隧道，而是隐匿在这些文物、建筑背后鲜活的人的创造和故事。近年来，国铁企业扎实推进重要铁路文物、遗迹遗存、重大铁路工程的保护利用传承工作，以物证史，以物叙史。组

微视频

"铁路老物件精品说"展演——共和国印记·人民铁路为人民

（图片由中国铁道博物馆提供、视频由中国铁路文工团提供）

织开展集中普查、研发投用信息系统、建立健全制度办法、科学规范管理，把5.8万余件铁路可移动文物实物、500余处不可移动文物网上建档、实时展示。举办"铁路老物件精品说"巡回展演、与国家文物局联合开展"共和国印记——人民铁路为人民"主题宣传活动，挖掘铁路老物件历史价值和时代内涵，呈现铁路见证物背后的历史故事，让铁路老物件在新时代全面"活"起来、"火"起来；用好各级各类铁路文博场馆，铁道博物馆、哈尔滨铁路博物馆、胶济铁路博物馆、铁路抗美援朝博物馆等成为铁路优秀传统文化的展示平台。

铁路优秀传统文化在中国铁路从无到有的历史中形成，在中国铁路从弱到强的发展中不断丰富、广为弘扬。虽然铁路发展日新月异，但始终听党话、永远跟党走的红色基因代代传承，"人民铁路为人民"的根本宗旨始终如一。朝着建设世界一流铁路企业的目标迈进，铁路优秀传统文化必将绽放出新的光辉，为推动铁路高质量发展和现代化建设提供坚强思想保证、强大精神力量、有利文化条件。

● 安全是铁路行业的“生命线”（南宁局集团公司党委宣传部供图）

◈ 持续深化铁路重要工作领域文化建设

在推动铁路改革发展的火热实践中，一代代铁路人立足岗位、埋头苦干，在高质量完成安全生产、运输经营等重点任务的同时，也逐步形成了统一的价值取向、制度规范、行为准则、环境氛围等文化要素，孕育出独具特色的铁路安全文化、服务文化、经营文化。

铁路安全文化是以确保铁路大动脉安全畅通、人民群众生命财产安全和干部职工劳动安全为导向，被广大干部职工普遍认同并自觉遵循的安全理念、制度、行为、环境等文化要素的总和。比如，在理念层面，深入学习和阐释解读习近平总书记“总体国家安全观”“统筹发展和安全”“人民至上、生命至上”等重要论述，形成了“安全是铁路的政治红线和职业底线，是铁路最大的政治，是铁路最重要的声誉”“确保高铁和旅客列车安全万无一失”等铁路安全工作理念，这是铁路人对安全工作极端重要性的普遍共识，也是铁路人强化红线意识、守牢职业底线的思想基础。比如，在制度层面，通过总结实践经验、吸取事故教训，国铁企业建立“党政同责、一岗双责、齐抓共管、失职追责”的安全责任体系，健全落实全员安全生产责任制、安全双重预防机制，以及人防、物防、工程防、管理防“四位一体”安全保障体系等制度机制，让管理有规范、作业有标准、应急有预案、行为有准则。比如，在行为层面，突出敬畏生命、敬畏职责、敬畏规章，常态化开展案例警示教育、技能业务培训、岗位练兵和技术比武等活动，“在岗必尽责、作业必达标”成为铁路人的行动自觉。再比如，在环境层面，因地制宜加强职场环境建设，通过安全标语、风险提示、亲情寄语上墙、上大屏等方式，不断优化导向安全的职场环境和人文环境，在潜移默化中树牢安全第一思想、规范作业行为习惯。

安全是铁路工作永恒的主题，也是一切工作的“生命线”“清零键”。实践证明，想要更好地应对各种安全风险挑战，文化是重要的力量源泉。只要我们积极参与安全文化建设，并从中汲取源源不断的精神动力，就必定能实现铁路长治久安。

铁路服务文化是以满足人民群众日益增长的美好出行需求为导向，以人享其行、物畅其流为目标，在长期服务经济社会发展和人民群众旅行生活过程中孕育而成的。近年来，随着铁路网、高铁网不断完善，铁路技术装备水平不断提升，人民群众的出行需

微视频

第六届“铁路好新闻”优秀作品发布活动

歌曲：

《中国高铁》

在中老铁路上疾驰的“澜沧号”动车组列车（昆明局集团公司党委宣传部供图）

求由“走得了”转变为“走得好”，铁路人主动适应新形势，坚持“人民铁路为人民”的根本宗旨，在实践中提出“以服务为宗旨，待旅客如亲人”“平安出行、有序出行、温馨出行”“想客户所想、急客户所急、让客户满意”等服务理念，推动服务标准、服务技能、服务效果不断升级，总结形成了“眼勤、嘴勤、腿勤”“诚心待客、热心服务、真心助人、实心爱人”等优质服务方法，涌现出大连站“馨驰半岛”服务团队、兰州站“008”亲情服务台、青岛站“阳光家园”等一大批受到旅客广泛好评的服务品牌。同时，在客货服务场所有机融入时代、地域、民族等特色文化元素，打造清河站“海纳百川”、宣化北站“古韵雄关”等特色车站，以及“澜沧号”跨境国际旅客列车占芭天香和锦绣江山主题车厢等特色列车，推动形成一站一景、一车一景，进一步突显人文氛围，铁路服务品牌形象和影响力持续提升。

服务是铁路的本质属性，不断满足人民对美好出行的向往是铁路人的奋斗目标和不懈追求。铁路各系统、各专业，特别是直接服务旅客、货主的职工都应该立足岗位、找准定位，在铁路服务文化的熏陶滋养下，不断提升服务本领和效果，以更加优质的服务为铁路形象增光添彩。

铁路经营文化产生并丰富于干部职工参与的各种生产经营活动。作为特大型国有企业，铁路既具有社会公共服务属性，又具有以盈利为目的的企业一般属性；既要讲社会效益，也要讲经济效益。近年来，国铁企业组织开展“改革创新展作为、提质增效立新功”“奋进改革新征程、建功铁路现代化”等主题宣讲，“以市场为导向、以效益为中心”“过紧日子”“省下就是赚下”等经营理念不仅成为铁路人的思想共识，更成为行动自觉。与此同时，国铁企业落实竞争性环节市场化改革要求，积极推进市场化开放合作，打造“六个市场化运营中心”，全面融入市场供应链，让经营活动健康发展。在营销宣传上，借助各级媒体平台，结合地方民俗节日、小长假等重要节点，积极开展“五一”“十一”黄金周宣传营销活动，不断提高铁路经营效益。在打造营销品牌上，推动“铁路 + 文旅”深入融合，积极开行“中国雪都 · 阿勒泰号”“熊猫专列 · 什邡号”“丝路梦享号”“环

● 装饰一新的“熊猫专列”整装待发（成都局集团公司党委宣传部供图 · 胡志强 / 摄）

西部火车游”，以及“南湖 ·1921”红色旅游专列、“我的韶山行”红色研学专列等一批特色旅游列车，不断提升运输品质和经营效益。

经营效益的好坏既关乎国家铁路资产能否保值增值，也关乎职工工资收入能否稳步提升。每个铁路人不仅是企业经营创效的主角，也是铁路经营文化建设的主角，只要不断创新和树牢经营理念，坚持开源节流双向发力，在铁路经营文化丰富发展的同时，铁路运输经营效益就一定会实现新突破。

铁路文化软实力是推动铁路高质量发展的不竭动能。近年来，国铁企业不断深化铁路重要工作领域文化建设，完善文化建设理念，创新文化传播方式。坚持把立标打样、示范引领作为推动全路企业文化建设的有效途径，采取点、线、面结合的方式，打造一批企业文化建设示范点，成为企业文化建设的重要载体。召开安全文化、服务文化、经营文化建设推广交流，开展现场观摩、座谈研讨、成果分享，总结推广好经验、好做法，不断强化文化对中心工作的服务保障功能。

◈ 积极培育铁路重点发展领域文化

在奋发中赶超，在拼搏中进取。铁路人以精益求精、创新超越的非凡气概，以追梦奔跑、永不懈怠的奋斗姿态，推动中国高速铁路、重载铁路、高原高寒铁路技术达到世界领先水平，也在实践中孕育发展了高铁文化、重载铁路文化和川藏铁路文化等铁路特色文化。

高铁文化是立足深厚的铁路文化积淀和卓越的高铁发展成果，

复兴号动车组列车从淄博市孝妇河湿地公园飞驰而过（济南局集团公司党委宣传部供图 · 法冠宇 / 摄）

在高铁建设和运营实践中形成的文化形态，具有鲜明的先进性、标志性、创造性等特征。从先进性看，短短 10 余年间，中国高铁从无到有，从有到优，实现了由“追赶”到“领跑”的华丽蝶变，成为全世界运营里程最长、商业运营速度最快、运营网络通达水平最高、安全性和舒适性最强的高速铁路，其孕育形成的高铁文化也集中体现了铁路人追求卓越、敢于引领的价值追求。从标志性看，高铁是交通运输现代化的重要标志，中国高铁是一张亮丽的“国家名片”，体现了中国特色社会主义制度集中力量办大事的独特优势，体现了中国制造业的“硬核”实力，其孕育形成的高铁文化也成为集中展示中国精神、中国力量、中国智慧的文化标识。从创造性看，从规划设计到运营管理，中国高铁都坚持高起点、高标准、高质量，不断加强关键领域技术攻关，创造了一个又一个“第一”和“之最”，将创新主导权、发展主动权牢牢地掌握在自己手中，其孕育形成的高铁文化也把创新作为鲜明符号和固有特质。

如今，无论国内还是国外，中国高铁的美誉度越来越高，影响力越来越大。未来，在高铁文化的滋养下，一代代铁路人必将勇于创新、敢于超越，不断提升高铁技术水平，让中国高铁始终成为世界高铁“领跑者”。

重载铁路文化是在重载铁路运营实践过程中培育形成的精神理念、管理制度、行为规范、作业环境等文化要素的总和。重载铁路文化从大秦铁路萌发成形，在瓦日、浩吉等重载铁路中不断丰富发展，成为铁路重要的文化名片，为提升重载铁路能力水平、确保重载铁路安全高效提供了强大的精神支撑，发挥着重要的引领作用。重载之重在于其肩负的社会责任。在举国上下打好污染防治攻坚战

大秦铁路的春夏秋冬（太原局集团公司党委宣传部供图）

的大背景下，重载铁路作为绿色交通工具，其能耗低、排放少、成本低、运量大的比较优势得到充分发挥，成为全路货运增量的“排头兵”，其孕育出具有时代价值的重载铁路文化也成为铁路人的宝贵精神财富和推进铁路高质量发展的动力源泉。创新是重载人的精神追求，也是重载文化的独特优势。在大秦铁路这块“试验田”上，重载技术不断创新，形成了“速密重”的最佳匹配模式、“集疏运”的最佳衔接模式、“路港矿”的最佳协作模式、“产运需”的最佳互动模式、“产学研”的最佳联合模式和列车开行上“头身尾”的最佳组合模式，彰显了铁路人不断求索、创新创造的精神特质。

媒体+聚焦

川藏铁路：建好实现第二个百年奋斗目标进程中的标志性工程

中国重载铁路书写了拉动经济发展、服务人民群众的“重磅”故事，体现着铁路人强烈的政治担当。踏上新征程，重载铁路文化定会引领一代代铁路人负重争先、勇于超越、承载重托、勇担重任，昂首阔步走好中国特色的重载发展之路！

川藏铁路文化是在川藏铁路规划、设计、建设、运营过程中逐步培育形成的价值追求、行业规范、职业操守和精神境界等文化要素的总和。川藏铁路是习近平总书记亲自谋划、亲自部署、亲自推动的世纪性战略工程，是实现第二个百年奋斗目标进程中的标志性工程，是贯彻落实新时代党的治藏方略的一项重大举措，其孕育形成的川藏铁路文化具有鲜明的示范性，为高质量建设川藏铁路提供了强大的精神引领力和文化感召力。川藏

● 复兴号动车组列车行驶在川青铁路线上（成都局集团公司党委宣传部供图）

铁路是通往雪域高原的新“天路”，也是名副其实的团结线，有的铁路站房在修建时充分参考了当地传统民居挑梁飞檐的造型，选用藏族邦典纺织技艺的经典图案等作为装饰，把藏族文化元素与铁路文化有机融合。川藏铁路建设时间跨度大、工程任务重，在今后建设、运营中将不断丰富和发展以“迎难而上、敢为人先”为核心内容的川藏铁路精神内涵，保护和利用好具有历史保存价值的重要实物，建好独具特色的文化阵地，开展形式多样的文艺创作，逐步铸就更具特色、催人奋进的川藏铁路文化。

川藏铁路沿线地形地质复杂、气候条件恶劣，修建难度之大世所罕见。面对这些难中之难、险中之险、重中之重，更需文化的力量凝聚人心、鼓舞斗志，相信在广大建设者的努力下，川藏铁路必将被打造成实现第二个百年奋斗目标进程中的标志性工程。

共建车间班组家园文化

铁路管辖点多线长，许多车间班组远离城镇，从某种意义上说，站区、班组是很多铁路人的第二个“家”，建设幸福家园，营造家的氛围，是每个“家庭成员”的美好期盼。

车间班组，作为铁路最基层的生产管理组织，是国铁企业一切工作的起点、基点，也是铁路企业文化建设的基础和落脚点。把车间、班组这个“小家”建设得好与坏，直接关系到企业这个“大家”的生存发展。铁路人是车间班组家园文化建设的主体，车间班组家园文化是铁路人自己的文化，只有广泛参与、踊跃参与，车间班组

● 丰富职工文化生活（①由南宁局集团公司党委宣传部供图；②由济南局集团公司党委宣传部供图）

家园文化建设才有生命力和持久性，才能建设好和发展好。

近年来，随着标准化车间班组建设以及生活线、文化线、卫生线建设深入推进，铁路人坚持自己的家园自己建，净化、美化、绿化、靓化车间班组职场环境，改善工作生活环境。比如，乌鲁木齐局集团公司乌鲁木齐站的职工们集思广益，在站区内建造冰上运动场、制作站房雪雕，为大家提供锻炼身体、放松心情的好去处；兰州局集团公司兰州工务机械段打造“车轮上的移动之家”，在宿营车上建立环境、卫生、管理达标的小食堂、小宿舍、小浴室、小活动室；上海局集团公司芜湖工务段将传统地域文化融入工区建设，打造“徽派”特色，提炼班组精神。“一家人、大家庭”“班组是我家、建设靠大家”等理念厚植在每个铁路人的心里，“我爱我家，我建我家”的氛围日益浓厚，大家的干劲更足、归属感也越来越强。

【延伸阅读】

加快建设文化强国

与此同时，国铁企业深入推进互联网进站区，为全路各系统各专业的“最美班组”打造网络展示舞台，开展“争当铁路好网民”活动，组织铁路文艺骨干深入铁路建设和铁路运输一线，开展文艺创作活动，提供健康丰富的精神食粮，以积极向上的文化活动陶冶情操、增长知识，形成了和谐共事、健康向上的良好导向。在家园文化的浸润下，铁路人的战斗力、凝聚力不断增强，形成了以文化的力量促进工作、在工作中深化文化建设的良性循环。比如，济南局集团公司济西站区以“和”文化为引领，倡导“一家人一锅饭一

● 送文化到一线（沈阳局集团公司党委宣传部供图）

盘棋”的理念，大家同吃、同住、同战斗，工友间结下了深厚友谊，形成了“共保高铁安全，共建和美家园”的生动局面，有效提高了高铁设备设施质量。

家和万事兴。家是心灵的港湾、精神的依靠，凝聚了梦想、责任与担当，拥有美好家园相当于拥有幸福生活。车间班组家园文化既凝聚了人心，又鼓舞了士气。在建设温馨家园的过程中，职工的主人翁意识越来越强，对“家”的认同感不断提升，家园文化由“生根发芽”到“枝繁叶茂”，正继续引领铁路人心往一处想、劲往一处使，向着美好的未来大步前进。

点 睛

一年企业靠产品，十年企业靠管理，百年企业靠文化。百年铁路，行稳致远，独具特色、繁荣发展的铁路企业文化是重要引领和支撑力量。自信自强的铁路企业文化，深刻反映和代表着国铁企业的核心价值、整体形象和精神品格，为建设世界一流铁路企业提供深厚滋养和不竭动力，在推动铁路高质量发展中发挥的作用越来越鲜明。

文化是历史的积淀、智慧的结晶、实践的升华。中国铁路从革命战争时期的炮火硝烟中走来，从社会主义建设时期的艰苦创业中走来，从改革开放时期的爱国奋斗中走来，从新时代的浩荡东风中走来，一代代铁路人在各个历史时期的探索实践中孕育了深厚的铁路企业文化，形成了宝贵的精神财富。

“中央有号召，铁路有行动”“党叫干啥就干啥、干啥就要干好啥”，这是铁路人矢志不渝跟党走的铮铮誓言；“为国分忧，艰苦奋斗”“报效祖国、忠于职守、艰苦奋斗、永当先锋”，这是铁路人愿得此身长报国的高尚情怀；“以苦为荣、以苦为乐”“先生产后生活、先治坡后置窝”，这是铁路人筚路蓝缕启山林的奋斗精神；“一点不差，差一点也不行”“长年一股劲，一心为人民”，这是铁路人吹尽狂沙始到金的执着奉献；“哪里需要哪里安家”“四通八达、畅通无阻、安全正点、当好先行”，这是铁路人初心砥柱天地间的担当品格；“挑战极限、勇创一流”“负重争先、勇于超越”，这是铁路人勇立潮头敢为先的豪情壮志……这些宝贵的精神财富，是对始终听党话、永远跟党走红色基因的传承弘扬，是“人民铁路为人民”根本宗旨的具体体现。

文化自信是最基本、最深沉、最持久的力量。铁路企业文化在实践中创造、又反哺于实践，是新时代铁路人目标愿景、价值理念、行为规范等文化因素的系统集成、高度凝练、有形表达，蕴涵着取之不尽、用之不竭的精神伟力，为铁路人战胜前进道路上的各种风险挑战提供了深厚的精神支持和丰厚的智慧滋养。

在“毛泽东号”精神的激励下，一代代“毛泽东号”人坚持开领袖车、做领军人，创下了全路机车组组建时间最长、涌现劳模最多、安全成绩最好、完成任务量最大的优异成绩；在“执行规章制度不走样”的规范下，京包线上的福生庄养路工区一茬茬接着干，创下了安全生产 70 多年的骄人业绩；在“以服务为宗旨、待旅客如亲人”理念的指引下，铁路人打造了青岛客运段“海之情”、乌鲁木齐站“天山雪莲服务队”、银川车站“向阳花”等一个个广受赞誉的服务品牌；在“爱企如家、企兴我荣”的感召下，构建了更为紧密的企业与职工命运共同体……铁路历经百年发展，虽然技术装备几经升级、作业方式不断更迭、职工接续一茬又一茬，但优秀的铁路企业文化始终代代传承、不断丰富发展，一个个铁路人也在日用而不觉、润物细无声的文化滋养下，为铁路改革发展注入了源源不断的前行动力和创造活力。

站在新的历史起点，投身推动铁路高质量发展，加快建设世界一流铁路企业的火热实践，繁荣发展的铁路企业文化必将进一步激发新时代铁路人的凝聚力、向心力、创造力，创造无愧于时代的新业绩。

● “天府号”动车组列车行驶在田园间（成都局集团公司党委宣传部供图）

7

法纪篇 • 遵纪守法扬正气

——如何更加自觉地尊法学法守法用法?

“法者，国之权衡也，时之准绳也。”维护社会公平正义靠法律，实现国家富强兴旺靠法治。党的十八大以来，法律的作用不断被强化，法治的理念反复被重申，成为以习近平同志为核心的党中央治国理政最为醒目的标志之一。

围绕坚持全面依法治国、推进法治中国建设，习近平总书记发表了一系列重要讲话，强调“法治是治国理政的基本方式”，指出“法治是国家治理体系和治理能力的重要依托”，号召“开创依法治国新局面”，要求“提高运用法治思维和法治方式的能力”，明确重大改革要“于法有据”等，形成了习近平法治思想。党的二十大报告首次把“坚持全面依法治国，推进法治中国建设”作出专章论述、专门部署，宣示了我们党矢志不渝推进法治建设的坚定决心，进一步指明了法治中国建设的前进方向。

学习贯彻习近平法治思想，要求我们不断增强法治意识，深化依法治理实践，保障国铁企业在法治轨道上行稳致远，这是健全市场化法治化国际化经营机制的需要，是推动铁路治理体系和治理能力现代化的需要，是加快建设世界一流铁路企业的题中应有之义。

近年来，国铁企业始终坚持依法治企，把法治国铁建设作为战略性、基础性、长远性工作进行系统谋划、整体推进，以实施《法治国铁建设规划》为抓手，现代化铁路企业治理体系正在加快完善、治理能力正在稳步提升、铁路法律队伍建设不断加强、立法普法工作扎实开展。特别是深入开展普法宣传，广大职工的法治意识不断

知识链接

2020 年 11 月 16 日至 17 日，中央全面依法治国工作会议召开，确立了习近平法治思想在全面依法治国工作中的指导地位。其主要内容和核心要义可以概括为“十一个坚持”：坚持党对全面依法治国的领导；坚持以人民为中心；坚持中国特色社会主义法治道路；坚持依宪治国、依宪执政；坚持在法治轨道上推进国家治理体系和治理能力现代化；坚持建设中国特色社会主义法治体系；坚持依法治国、依法执政、依法行政共同推进，法治国家、法治政府、法治社会一体建设；坚持全面推进科学立法、严格执法、公正司法、全民守法；坚持统筹推进国内法治和涉外法治；坚持建设德才兼备的高素质法治工作队伍；坚持抓住领导干部这个“关键少数”。

增强，依法办事成为大家的普遍共识和自觉行动。

法律从来都不是束之高阁的金科玉律，它无处不在。我们被法律保护着，享受权利的同时也承担相应的义务。就像公民有“维护国家统一和全国各民族团结”的义务，所以我们要主动学习爱国主义教育法和国防教育法。同时，法律法规也无时无刻不在规范和保障我们的工作生活，就像开车出行要遵守道路交通安全法，婚姻和家庭关系要遵守婚姻法，外出游玩要遵守旅游法，生产作业要遵守安全生产法……在规范日常行为的同时，法律法规还保障了每个公民的合法权益，在这方面，国铁企业一直走在前面。比如，依照劳动法等相关规定，及时足量为一线职工配发劳动防护用品，组织健康体检。再比如，依照职业教育法等相关规定，组织开展覆盖全员的适应性、针对性培训，让人人都享有职业发展、成长进步机会，等等。

学法懂法是守法用法的前提。目前，中国特色社会主义法律体系已经形成，并随着中国特色社会主义实践的发展而发展。中国特色社会主义法律体系，是以宪法为统帅，以法律为主干，以行政法规、地方性法规为重要组成部分，由宪法相关法、民法、商法、行政法、经济法、社会法、刑法、诉讼与非诉讼程序法等多个法律部门组成的有机统一整体。

总之，治国理政，离不开法治支撑；社会发展，离不开法治护航；人民福祉，离不开法治保障。我们每一个铁路人都应该更加自觉地尊法学法守法用法。

至高无上的宪法

《中华人民共和国宪法》是我国的根本法，在中国特色社会主义法律体系中居于统帅地位。它规定了国家的根本制度和根本任务，具有最高的法律地位、法律权威、法律效力。一切法律、行政法规和地方性法规都不得同宪法相抵触，任何组织或者个人都不得有超越宪法和法律的特权。

从修订历史看，1949 年 9 月 29 日，中国人民政治协商会议第一届全体会议通过了具有临时宪法作用的《中国人民政治协商会议共同纲领》。中华人民共和国成立后，曾于 1954 年、1975 年、1978 年、1982 年先后通过四部宪法，均以相应的年份作为区别，因此也被称为“五四宪法”“七五宪法”“七八宪法”“八二宪法”。我国现行的是“八二宪法”，并经历了 5 次修正，最新一次修正是在 2018 年 3 月 11 日，十三届全国人大一次会议通过了《中华人民共和国宪法修正案》，就新时代如何坚持和发展中国特色社会主义、实现“两个一百年”奋斗目标和中华民族伟大复兴中国梦，以根本法的形式给出了答案。

从内容看，现行的宪法包括序言，第一章总纲，第二章公民的基本权利和义务，第三章国家机构，第四章国旗、国歌、国徽、首都。其中，序言部分介绍了我国从 1840 年鸦片战争到新民主主义革命、社会主义建设等革命历程。第一章总纲共32条，规定了我国的国家性质、社会主义制度、权力归属、各民族平等、经济制度、自然资源的所有权、市场经济、行政区划等内容。第二章公民的基本权利和义务共24条，规定了中华人民共和国公民的国籍、选举权和被选举权、宗教信仰自由、人身自由、人格尊严、通信自由和通信秘密受保护、受教育的权利等内容。第三章国家机构共84条，规定了全国人民代表大会、中华人民共和国主席、国务院、中央军事委员会、地方各级人民代表大会和地方各级人民政府、民族自治地方的自治机关、监察委员会、人民法院和人民检察院的组成及相关职权。第四章国旗、国歌、国徽、首都共3条，规定了中华人民共和国国旗是五星红旗，国歌是《义勇军进行曲》，国徽中间是五星照耀下的天安门、周围是谷穗和齿轮，首都是北京。

对国家来说，宪法是治国安邦的总章程。对人民而言，宪法是“一张写着人民权利的纸”。从出生那一刻起，作为有着独立人格权的“人”，为人应享有的权利我们通通都有。到了适学年龄，宪法赋予我们接受教育的权利。到了18岁，宪法给我们准备的“成人礼”是选举权和被选举权。大学毕业，找工作成了头等大事，宪法赋予我们劳动的权利和义务，规定男女同工同酬。遇到

知识链接

“法制”和“法治”如何区分？

“法制”和“法治”是两个既有联系又有区别的概念。

“法制”是法律制度的简称，属于制度范畴。“法治”是法律治理的简称，相对于“人治”而言，是一种治国原则和方法。

“法制”是“法治”的基础和前提条件，“法治”是“法制”的立足点和归宿。

● 南京动车段组织职工学习宪法知识（上海局集团公司党委宣传部供图）

心仪的对象，宪法又保护我们婚姻自由。时光荏苒、暮年将至，宪法规定公民在年老、疾病或者丧失劳动能力的情况下，有从国家和社会获得物质帮助的权利。另外，宪法还对姓名权、肖像权、名誉权、荣誉权、隐私权等具体人格权也作了明确。由此可见，从出生到老去，教育、婚姻、工作、养老等人生大事都与宪法有关，我们时时刻刻都离不开它的保护。

2014 年 11 月 1 日，十二届全国人大常委会第十一次会议审议通过了关于设立国家宪法日的决定，明确将“八二宪法”通过、公布、施行的“12 月 4 日”设立为国家宪法日，在此后每年的这一天，全国都会开展形式多样的宪法宣传教育活动。设立宪法日，是对宪法至高无上法律地位的郑重确认，也是重塑宪法权威，让宪法从“文本”走向“现实”、融入百姓生活的重要途径。作为新时代铁路人，更好地履行公民责任、维护合法权益，都需要我们学习宪法知识，增强宪法观念，维护宪法尊严，自觉做宪法的忠实崇尚者、自觉遵守者、坚定捍卫者。

不可触犯的刑法

刑法是规定犯罪、刑事责任与刑罚的法律，就是规定哪些行为是犯罪和应当负何种刑事责任，并给犯罪人以何种刑罚处罚。作为中国特色社会主义法律体系的重要组成部分，刑法是刚性较强的规范，既为我们划定了行为底线，也发挥了打击犯罪，保护人民，维护社会稳定的积极作用。

早在新民主主义革命时期，中国共产党领导的革命根据地的人民民主政权就制定了一系列刑事法规。中华人民共和国成立后，根据革命和建设的需要，又制定了若干单行的刑事法规，如《关于严禁鸦片烟毒的通令》《禁止珍贵文物图书出口暂行办法》《保守国家机密暂行条例》等。1979 年，五届全国人大二次会议颁布新中国第一部刑法，我国刑法规范实现体系化。1997 年，八届全国人大五次会议对刑法作出系统修订，明确规定了刑法的三大基本原则，即罪刑法定原则、罪责刑相适应原则、法律面前人人平等

● 复兴号动车组列车行驶在宁杭高铁（上海局集团公司党委宣传部供图）

原则。此后，全国人大又陆续通过12个刑法修正案，现行的《刑法》是2020年12月26日通过，2021年3月1日起执行。2023年12月29日又通过《刑法修正案（十二）》。

现行刑法包括总则5章、分则10章和附则。对危害国家主权、领土完整，破坏国家统一等危害国家安全，以及故意杀人、抢劫、强奸、放火、爆炸、投毒等严重破坏社会秩序的犯罪，都规定了较重的刑罚。同时，坚持惩办少数、改造多数，针对犯罪的不同情况，作出相应对待。比如，主犯、从犯、胁从犯、教唆犯的处罚不同。再比如，惯犯、累犯、首要分子等从严处理，而对未成年犯、中止犯、自首分子及有悔改、立功表现的从宽处理等。刑罚分为主刑和附加刑。主刑种类包括：管制、拘役、有期徒刑、无期徒刑、死刑。

附加刑种类包括：罚金、剥夺政治权利、没收财产。对于犯罪的外国人，可以独立适用或者附加适用驱逐出境。

其实，对于大多数人来说，刑法很遥远，只要秉持朴素善良的观念，刑法并不会“找上门”来。但是，在日常生活中也有一些很容易被我们忽视但可能会触犯刑法的行为。比如，在微信、微博、QQ 群等社交平台上编造传播虚假信息，造成严重后果的，最高可处 7 年有期徒刑。持有宣扬恐怖主义、极端主义的图书、音视频资料等，最高可处 3 年有期徒刑。再比如，焚烧、毁损、涂划等侮辱国旗、国徽，篡改国歌、曲谱的，最高可处 3 年有期徒刑。醉酒驾驶，除处以罚款、吊销驾照外，还要依法追究刑事责任。

作为铁路人特别需要注意的是，铁路安全作为国家安全的重要组成部分，因违章作业致使发生铁路运营安全事故造成严重后果的，因强令他人违章冒险作业发生重大事故的，因故意或者过失泄密情节严重符合刑事立案标准的，都将依法追究相关责任人的刑事责任。同时，无论何种违法犯罪，铁路职工只要被追究刑事责任，根据规定还将解除劳动合同。因此，一旦触碰刑法，不仅会丢掉赖以生存的工作，还可能失去人身自由。

密不可分的民法典

如果说刑法是严厉的“父亲”，不容许我们犯错，那么民法就像慈祥的“母亲”，呵护我们的一生，保障每个人的权益。

编纂一部真正属于中国人民的民法典，是新中国几代人的夙愿。

从1954年首次启动算起，民法典的编纂之路走过了整整66年，一部法的诞生伴随着中国社会跌宕起伏的发展，也见证着中国人民从站起来、富起来到强起来的历史飞跃。党的十八大以来，以习近平同志为核心的党中央顺应实践发展要求和人民群众期待，把编纂民法典摆上重要日程。2014年10月，党的十八届四中全会作出关于全面推进依法治国若干重大问题的决定，其中对编纂民法典进行了专门部署。此后，习近平总书记先后3次主持召开中央政治局常委会，分别审议民法总则、民法典各分编、民法典3个草案。2020年5月28日，十三届全国人大三次会议审议通过了《中华人民共和国民法典》，并定于2021年1月1日起正式实施。这是新中国第一部以法典命名的法律，开创了我国法典编纂立法的先河，具有里程碑意义。

民法典是民法的法典化，包括总则编、物权编、合同编、人格权编、婚姻家庭编、继承编、侵权责任编以及附则，共7编84章1260条，又被称为“社会生活的百科全书”和“人民权利的宣言书”。从时间维度上看，从未出世胎儿的遗产继承、接受赠与等，到成年后买房结婚、子女抚养等，再到死亡后的丧葬、赔偿等，都受到民法典的保护。从空间维度看，大到房产买卖、公司设立，小到针头线脑交易、物业费交纳等，民法典几乎涉及各个民事活动领域。可以说，民法典的颁

布实施，为我们全生命周期编织了一张“保护网”、全领域活动穿上了“防护服”。

民法典的颁布实行，不仅回应了人民群众对美好生活向往的期盼，也为国铁企业经营活动提供了行为指引。作为新时代铁路人，学习掌握民法典，不仅能让我们生活更加幸福快乐，也可以指导我们更好地开展工作。比如，民法典合同编第 815 条规定，旅客无票乘坐、超程乘坐、越级乘坐或者持不符合减价条件的优惠客票乘坐的，应当补交票款，承运人可以按照规定加收票款；旅客不

微视频

理论微课：

民法典的发展历程

以案说法

同桌饮酒出意外，共饮者是否需要担责？

小王下班后和三名同事约在饭馆一起喝酒。酒过三巡后，小王和同事小刘打起了赌，双方约定，只要小王一口气喝完一瓶白酒，小刘就输给他 500 块钱。随后，小王拿起一瓶白酒一饮而尽。没过多久，小王就倒地不起，最终抢救无效死亡。和小王一起喝酒的三名同事需要担责吗？

民法典第 1165 条规定，行为人因过错侵害他人民事权益造成损害的，应当承担侵权责任。民法典第 1168 条规定，二人以上共同实施侵权行为，造成他人损害的，应当承担连带责任。因此，三名同事作为共同参与人，存在劝酒、激将等行为，没有尽到相应的注意义务，必须承担相应责任。

支付票款的，承运人可以拒绝运输。这些规定为遏制霸座、买短乘长等现象提供了明确的法律依据。另外，民法典第 34 条规定了监护人的监护职责，因此在处理车厢内儿童吵闹的情况时，作为监护人有义务引导孩子在公共场合保持安静。再比如，民法典人格权编第 1038 条规定，信息处理者不得泄露或者篡改其收集、存储的个人信息；未经自然人同意不得向他人非法提供个人信息等。现如今，铁路乘车采取实名制购票，国铁企业掌握大量的旅客身份信息，这些规定对铁路经营履行信息安全保障义务也提出了更高的要求。

严字当头的安全生产法

安全生产，重如泰山。关乎社会大众权利福祉，关乎经济社会发展大局，关乎人民生命财产安全。党的十八大以来，习近平总书记高度重视安全生产，多次作出重要指示批示，强调，“发展决不能以牺牲人的生命为代价”，“对责任单位和责任人要打到疼处、痛处”。还提出，“必须强化依法治理，用法治思维和法治手段解决安全生产问题，加快安全生产相关法律法规制定修订，加强安全生产监管执法，强化基层监管力量，着力提高安全生产法治化水平”。党中央、国务院从坚持和完善中国特色社会主义制度、推进国家治理体系和治理能力现代化的高度，

加强安全生产领域立法，加大安全生产行政执法力度，运用法治思维和法治手段解决安全生产问题，有效遏制了重特大安全生产事故的发生。

《中华人民共和国安全生产法》作为我国安全生产领域的基础性、综合性法律，自 2002 年通过到现在共经历了 3 次修改，最近一次是在 2021 年 6 月 10 日，重点将习近平总书记关于安全生产工作的一系列重要指示批示精神转化为法律规定。修改后的安全生产法包含总则、生产经营单位的安全生产保障、从业人员的安全生产权利义务、安全生产的监督管理、生产安全事故的应急救援与调查处理、法律责任、附则共 7 章 119 条，明确了安全生产管理基本方针为“安全第一、预防为主、综合治理”，确定了“管行业必须管

以案说法

隐患发现处置不及时造成较大事故如何定责？

2020 年 8 月，一列货物列车在运行时因钢轨折断发生脱轨，中断行车 20 多个小时，直接经济损失近千万元，构成铁路交通较大事故。经调查，脱轨地段线路质量不达标，相关单位未及时进行整修，导致列车通过时钢轨折断，最终造成脱轨。

安全生产法第四条规定，生产经营单位必须加强安全生产管理，改善安全生产条件，构建安全风险分级管控和隐患排查治理双重预防机制，健全风险防范化解机制，提高安全生产水平，确保安全生产。根据责任认定，分别给予相关责任人撤职、记大过、记过处分。

安全、管业务必须管安全、管生产经营必须管安全”等原则。

安全生产法修改后的一大亮点是进一步压实生产经营单位的安全生产主体责任。比如，要求生产经营单位必须建立健全并落实全员安全生产责任制；要求全员安全生产责任制应当明确各岗位的责任人员、责任范围和考核标准等内容。安全生产法进一步明确“全员”的概念，生产经营单位每一个部门、每一个岗位、每一个员工，都不同程度直接和间接影响着安全生产。这实际上告诉我们，安全生产人人都是主角，没有旁观者。

与此同时，修改后的安全生产法也大幅提高了对违法违规行为的惩处力度。总的来看，表现在三个方面：一是罚款金额更高，对发生特别重大事故，且情节特别严重、影响特别恶劣的，对负有责任的生产经营单位最高可处1亿元的罚款。二是处罚方式更严，违法行为一经发现，责令改正且受到罚款处罚，拒不改正的，可责令停业整顿，并且可以按日连续处罚。三是惩戒力度更大，最严重的可采取行业或者职业禁入等联合惩戒措施，且实行安全生产法与刑法相衔接，对发生生产安全事故涉嫌犯罪的做到“一案双罚”。

安全是铁路行业的“生命线”，是一切工作的前提和基础。确保高铁和旅客列车安全万无一失，是铁路人的政治红线和职业底线。因此，只要我们认真学习、严格遵守安全生产法，真正把“时时放心不下”的责任感转化为“事事心中有底”的行动力，把遵章守纪、按标作业贯穿于各类生产活动全过程，就一定能守牢红线底线，为加快建设世界一流铁路企业，扎实推动铁路高质量发展营造更加安全稳定的良好环境。

紧跟时代的网络安全法

近年来，网络和信息技术迅猛发展，已经深度融入我国经济社会的各个方面，极大地改变和影响着人们的社会活动和生活方式，在促进技术创新、经济发展、文化繁荣、社会进步的同时，网络安全问题也日益凸显。比如，网络入侵、网络攻击等非法活动威胁信息安全；非法获取公民信息、电信网络诈骗、侵犯知识产权等极大损害公民合法利益；宣扬恐怖主义、极端主义，借助网络传播、散播，严重危害国家安全和社会公共利益等。

没有网络安全就没有国家安全。习近平总书记强调：“要坚持依法治网、依法办网、依法上网，让互联网在法治轨道上健康运行。”2016 年 11 月 7 日，第十二届全国人民代表大会常务委员会第二十四次会议通过了《中华人民共和国网络安全法》，自 2017 年 6 月 1 日起施行。这是我国第一部全面规范网络空间安全管理方面问题的基础性法律，对落实总体国家安全观，全面贯彻网络强国战略，维护国家网络空间主权、安全和发展利益发挥了重要作用。

网络安全法共 7 章 79 条，明确了网络空间主权的原则、网络产品和服务提供的安全义务、网络运营者的安全义务，进一步完善了个人信息保护规则，建立了关键信息基础设施安全保护制度，确

知识链接

“8个凡是”都属诈骗！

1. 凡是自称公检法要求汇款的。
2. 凡是叫你汇款到“安全账户”的。
3. 凡是通知中奖、领奖要你先交钱的。
4. 凡是通知“家属”出事要先汇款的。
5. 凡是在电话中索要银行卡信息及验证码的。
6. 凡是让你开通网银接受检查的。
7. 凡是自称领导要求汇款的。
8. 凡是陌生网站要登记银行卡信息的。

立了重要数据跨境传输的规则。特别是针对形形色色的网络犯罪活动，制定了一系列专门的条款。比如，不得利用网络发布涉及实施诈骗，制作或者销售违禁物品、管制物品以及其他违法犯罪活动的信息，这给心怀不轨的“网络害虫”加上了金箍。再比如，不得传播暴力、淫秽色情信息，编造、传播虚假信息扰乱经济秩序和社会秩序，以及侵害他人名誉、隐私、知识产权和其他合法权益等活动。

有一首诗说：“从前的日色变得慢，车、马、邮件都慢。”近年来，随着互联网、大数据的快速发展，我们的生产生活发生了巨大改变。千里之遥，却宛如咫尺之间；素昧平生，却可以深夜交心。网络让时空不再成为交流的阻碍，但也让我们每个人都变得“透明”。一个人的基本信息、喜好厌恶在网络上无所遁形，诈骗短信、垃圾邮件、钓鱼网站等一系列安全问题也随之而来。

网络安全为人民、网络安全靠人民。一方面，关注网络环境，加强警惕意识，提升防范技能，是我们每个人都要做的事；另一方面，网络并非法外之地，我们在享受网络带来的生活便利时，也一定要遵纪守法、谨言慎行，不造谣、不信谣、不传谣，共同维护清朗有序的网络空间。

治路护路的铁路法

《中华人民共和国铁路法》是为了保障铁路运输和铁路建设的顺利进行，适应社会主义现代化建设和人民生活的需要而制定的法律。铁路法于 1991 年 5 月 1 日正式施行，并于 2009 年、2015 年进行了两次修正。

现行的铁路法共分为 6 章 74 条，其中：第一章总则，主要规定了铁路运输管理体制、铁路发展政策、铁路经营原则等；第二章铁路运输营业，主要从铁路承运人与托运人、旅客之间的平等主体法律关系出发，规定了当事人各方的基本权利和义务；第三章铁路建设，主要规定了铁路建设规划、用地、标准等；第四章铁路安全与保护，专门规定了各有关方面对铁路安全与保护的责任和义务，并对一些直接危及铁路安全的行为作出明确的禁止性规定；第五章法律责任，专门规定了违反规定应承担的法律责任，包括追究刑事责任、治安管理处罚和其他处罚；第六章为附则。

为了加强铁路安全管理，保障铁路运输安全和畅通，保护人身安全和财产安全，根据《中华人民共和国铁路法》和其他有关法律

● 国铁企业开展爱路护路、民法典宣传教育（①南宁局集团公司党委宣传部供图；②沈阳局集团公司党委宣传部供图）

的规定，国务院颁布实施了《铁路安全管理条例》《铁路交通事故应急救援和调查处理条例》，这些都为铁路安全运营发挥了重要作用。

铁路法是铁路行业的基本法，作为铁路职工，我们不仅要当铁路法的践行者，在日常工作中认真学习、严格遵守，还要当好铁路法的宣传员，经常深入铁路沿线学校、集镇、农村等，广泛开展宣传活动，教育引导沿线老百姓自觉遵守铁路法，共同维护铁路运输安全畅通。

严肃完善的党内法规体系

治国必先治党，治党务必从严，从严必依法度。中国共产党作为世界上最大的马克思主义执政党，要建设好、管理好这样一个大党极不容易，必须发挥法规制度的保障作用。

自中国共产党诞生以来，党内法规制度建设就紧紧围绕政治大局推进，始终与党的奋斗历程相伴相随，与党的建设和党的事业同向同行。特别是党的十八大以来，以习近平同志为核心的党中央着眼统筹推进“五位一体”总体布局和协调推进“四个全面”战略布局，针对加强新时代党内法规制度建设作出一系列重大决策部署，党内法规制定力度之大、出台数量之多、制度权威之高、治理效能之好前所未有。党的十八届四中全会通过的《中共中央关于全面推进依法治国若干重大问题的决定》，将党内法规体系纳入中国特色社会主义法治体系，依规治党成为依法治国的重要内容。2021 年 7 月 1 日，习近平总书记在庆祝中国共产党成立 100 周年大会上指出：“坚持依规治党、形成比较完善的党内法规体系。”2023 年中共中央印发《中央党内法规制定工作规划纲要（2023—2027 年）》，对今后一个时期中央党内法规制定工作进行顶层设计。

当前，党内法规体系以“1+4”为基本框架，即在党章之下分为党的组织法规、党的领导法规、党的自身建设法规、党的

知识链接

为什么说“党大还是法大”是个伪命题？

党领导人民制定宪法法律，党领导人民执行宪法法律，党自身必须在宪法法律范围内活动。我们说不存在“党大还是法大”的问题，是把党作为一个执政整体而言的，是指党的执政地位和领导地位而言的，具体到每个党政组织、每个领导干部就必须服从和遵守宪法法律，就不能以党自居，就不能把党的领导作为个人以言代法、以权压法、徇私枉法的挡箭牌。

监督保障法规四大板块。

党内法规使用党章、准则、条例、规定、办法、规则、细则7类名称。党章是最根本的党内法规，对党的性质和宗旨、路线和纲领、指导思想和奋斗目标、组织原则和组织机构、党员义务和权利，以及党的纪律等作出根本规定。2022年10月22日，党的二十大通过了《中国共产党章程（修正案）》，共修改50处，其中总纲部分修改37处，条文部分修改13处，把党的初心使命、党的百年奋斗重大成就和历史经验等写入党章。

准则对全党政治生活、组织生活和全体党员行为等作出基本规定。现行最重要的两个准则是《关于新形势下党内政治生活的若干准则》和《中国共产党廉洁自律准则》。

条例对党的某一领域重要关系或者某一方面重要工作作出全面规定。比如，《中国共产党纪律处分条例》《中国共产党问责条例》《中国共产党巡视工作条例》《中国共产党宣传工作条例》《中国共产党党内监督条例》《中国共产党政法工作条例》《中国共产党农村工作条例》等。

规定、办法、规则、细则对党的某一方面重要工作的要求和程序等作出具体规定。中央纪律检查委员会以及党中央工作机关和省、自治区、直辖市党委制定的党内法规，可以使用规定、办法、规则、细则的名称。比如，《党组讨论和决定党员处分事项工作程序规定（试行）》《干部选拔任用工作监督检查和责任追究办法》《中国共产党纪律检查机关监督执纪工作规则》《中国共产党发展党员工作细则》等。

形成比较完善的党内法规体系，是中国共产党为什么能的一条重要经验，是马克思主义为什么行、中国特色社会主义为什么好的一个重要表现，是我们坚定道路自信、理论自信、制度自信、文化自信的一个重要依据。作为铁路的党员、干部和职工，发挥先锋模范作用，就是学好党规党纪，让这些看不见的规定内化于心、外化于行，时时处处走在前、站排头、当表率，让党旗高高飘扬在安全生产、运输经营、铁路建设的主战场。

● 党规党纪知识竞赛（兰州局集团公司党委宣传部供图）

点　睛

一事当前，是先想到法治方式，还是法外手段？遇到矛盾，是想大事化小，还是捍卫法律尊严？面对不公，是只顾四处讨好，还是坚守法律底线？对我们来说，如何运用法治思维和法治方式处理工作生活中的难题，能否拿起法律的武器保障和维护自身的合法权益，这些都取决于大家想不想、会不会、能不能依法办事。

真正管用有效的法律是铭刻在我们心里的法律。

现如今，运用法律手段讨薪的务工人员、活跃在决策听证会上的市民、提供法律援助的公益律师、参加职代会的职工代表等，都在用实际行动凝聚着法治社会的精神与力量。但不容忽视的是，红灯面前“一窝蜂”似的过马路、信访不信法、“走关系”强于“走程序”、不拼实力而“拼爹”等现象依然存在，法律悬空、制度空转的背后，主要是法治精神缺失、守法意识淡薄的问题。

试想，如果人人都是精致的利己主义者，超越权利行使的边界，谋取不该谋取的利益，逃避本应履行的责任，做事不守规矩、不讲原则，失去法治维持的社会必然同时失去公平和正义，失去法律保障的我们也必将失去应该享有的各种权益。作为新时代的铁路人，增强守法意识就是从内心信法、尊法，遇事找法、用法，把国家法律、党规法纪、铁路规章时刻摆在前面，懂得用法律法规约束自己的言行，真正做到心有所畏、行有所止。

学法懂法是守法用法的前提。

近年来，随着铁路立法普法工作扎实推进，国铁企业及时提出立法需求，全力推动铁路安全地方立法，目前31个省区市出台铁路安全法规规章。制定普法责任清单，推动法律队伍建设，实现“千人计划”。深入开展普法宣传教育，法治情景剧、“云课堂”、微视频、漫画展等宣传产品深受职工喜爱。同时，深入铁路沿线开展进企业、进农村、进社区、进学校、进家庭的“五进”活动，大力宣传铁路安全法规，旅客、货主的爱路护路意识也在不断增强。从一些热点话题的探讨中我们看到，面对旅客扒阻列车车门、列车上吸烟等行为，支持依法惩办的越来越多；面对高铁“霸座”旅客，既不能粗暴也不能“宽松软”成为一种共识。

当然，在学法守法用法上，我们还有很长的路要走。工作生活中，因不懂法、不知法而违法的例子屡见不鲜，劝酒致人伤亡、随意从高空抛物、贪吃捕食麻雀……当被告知违法后，从质疑到吃惊再到后悔，这些情绪的背后反映的是法治意识淡薄、法律知识欠缺。因此，只有认真学习法律才知道作为中国公民的权利和权益有哪些，才明白为人处世的底线和红线在哪里。

天下之事，不难于立法，而难于法之必行。

如果有了法律法规而束之高阁，那它们就成了“纸老虎”“稻草人”，制定再多也无济于事。遵纪守法是每个公民应尽的基本义务，也是法律对我们的基本要求。作为铁路人来说，守法既包括遵守国家法律法规，也包括遵守铁路的各项规章制度。具体来说，就是把法律的外在约束力转化为内在的自觉习惯，当合法权益受到侵犯时，可以合理运用法律手段维护权益；在日常工作生活中，用法律、规章来指导和约束自己的行为，人人都能尊法学法守法用法，我们的社会将更加和谐，权益将更有保障。

● 打好疆煤外运上量攻坚战（乌鲁木齐局集团公司党委宣传部供图）

8

道德篇 • 崇德向善树新风

——如何更好地立德修身做担当大任的新时代铁路人？

五千多年的中华文明源远流长，孕育了中华民族的宝贵精神品格，培育了中国人民的崇高价值追求。中华民族是重视道德、崇尚修德的民族，无论是以礼治国、以德修身、以诚待人，还是孝于亲、悌于长、止于信，这些思想和理念已经根植在每一个中国人的内心，潜移默化地影响着我们的工作和生活。

道德是社会关系的基石、人际和谐的基础。党的十八大以来，习近平总书记高度重视公民道德建设，围绕为什么立德、立什么德、怎样立德等发表一系列重要论述，多次亲切会见、关爱礼敬道德模范，推动全社会形成崇德向善、见贤思齐、德行天下的浓厚氛围。

国无德不兴，人无德不立。习近平总书记指出："如果一个民族、一个国家没有共同的核心价值观，莫衷一是，行无依归，那这个民族、这个国家就无法前进。”社会要稳定、要和谐、要发展，就必须有一个共同的、积极的价值导向。同时，习近平总书记指出：“人而无德，行之不远，没有良好的道德品质和思想修养，即使有丰富的知识、高深的学问，也难成大器。”立德、立功、立言被称为人生“三不朽”，之所以将立德排在首位，就是告诫我们品德修养是做人做事的前提和基础。

【名词解读】

什么是道德？

道德是一种社会意识现象，它不是通过强制性的手段去实现的，而是通过社会舆论、风俗习惯和思想教育等手段，使人们形成内心的善恶观念、情感和信念，自觉地按照维护社会整体利益的原则和规范去行动，从而自动地调整社会、集体，以及个人之间的相互关系。

德者，本也。习近平总书记指出：“我们党的用人标准是德才兼备、以德为先，因为德是首要、是方向。一个人只有明大德、守公德、严私德，其才方能用得其所。”明大德就是筑牢理想信念、锤炼坚强党性，在大是大非面前旗帜鲜明，在风浪考验面前无所畏惧，在各种诱惑面前立场坚定。守公德就是强化宗旨意识，全心全意为人民服务，聚焦人民对美好生活的向往努力奋斗，不做侵害社会公平正义、有损人民切身利益的事。严私德就是严格约束自己的操守和行为，戒贪止欲、克己奉公，廉洁修身、廉洁齐家，不存非分之想、不取不义之财、不染不正之风。

博学之、审问之、慎思之、明辨之、笃行之。习近平总书记指出，“知识是树立核心价值观的重要基础”，“要明辨，善于明辨是非，善于决断选”，“道不可坐论，德不能空谈”。习近平总

穿越天山隧道的列车（乌鲁木齐局集团公司党委宣传部供图）

书记的一系列重要论述为我们如何立德指明了方向。首先是勤于学习，坚持不懈向优秀传统文化学习、向浩瀚的书籍学习、向道德模范学习，把学到的知识内化于心，形成自己的见解。其次是学会思考、善于分析，树立正确的世界观、人生观、价值观，做到稳重自持、从容自信、坚定自励。最后是扎实做事、踏实做人，于实处用力，从知行合一上下功夫，把核心价值观外化为自觉行动。

推动全民道德素质和社会文明程度再提高，是一项长期且艰巨的任务。2019 年，党中央、国务院印发了《新时代公民道德建设实施纲要》，明确提出在全社会大力弘扬社会主义核心价值观，积极倡导富强民主文明和谐、自由平等公正法治、爱国敬业诚信友善，全面推进社会公德、职业道德、家庭美德、个人品德建设，不断提升公民道德素质，促进人的全面发展，培养和造就担当民族复兴大任的时代新人。党的二十大也指出，要实施公民道德建设工程，弘扬中华传统美德，加强家庭家教家风建设，推动明大德、守公德、严私德，提高人民道德水准和文明素养。

【延伸阅读】

中共中央国务院印发《新时代公民道德建设实施纲要》

随着铁路事业的蓬勃发展，铁路在服务党和国家事业大局中的战略作用越来越凸显，对经济社会发展作出的贡献越来越大，铁路职工的素质和能力越来越关键，铁路职工的形象也倍受社会和人民群众的关注。国铁企业高度重视加强职工道德建设，通过开办道德讲堂、开展职业培训、培育道德模范等方式，不断提升广大职工的道德素养和业务能力。广大铁路职工自觉传承始终听党话、永远跟党走的红色基因，积极践行“人民铁路为人民”的根本宗旨，立足本职岗位，展示先行风采，努力争当新时代公民道德建设的“代言人”和“助推器”。

总而言之，个人也好、家庭也好、企业也好、国家也好，一定是“德不孤、必有邻”。新征程上，引导全路上下争做社会好公民、企业好职工、家庭好成员，在日常养成好品行，是发挥铁路窗口作用、积极传递正能量的题中之义，是大力培育担当大任的新时代铁路人，加快建设世界一流铁路企业，努力为以中国式现代化全面推进强国建设、民族复兴伟业作出新贡献的必然选择。

● Z6 次列车上乘务员与旅客欢度广西壮族“三月三”（南宁局集团公司党委宣传部供图）

自觉遵守社会公德，在社会上做一个好公民

人而无德，行之不远。一个社会文明有序，既靠先善其身的私德，也离不开相善其群的公德。社会公德是社会交往和公共生活中应该遵循的行为准则，反映了人民公共生活的共同需要。《新时代公民道德建设实施纲要》提出，要推动践行以文明礼貌、助人为乐、爱护公物、保护环境、遵纪守法为主要内容的社会公德，鼓励人们在社会上做一个好公民。

——文明礼貌。文明礼貌不仅是个人素质、教养的体现，也是一个企业、一个城市、一个国家、一个民族精神面貌的体现。随着社会文明程度不断提高，文明礼貌也在与时俱进中有了新的内涵，贯穿于我们工作生活的方方面面。大到国事访问、公务接待，小到穿衣打扮、言谈举止，都需要讲文明讲礼貌。铁路作为大众化交通工具和重大民生工程，是联系广大人民群众的公共平台，是传播社会主义精神文明的重要窗口和广阔阵地。每一名铁路人的文明素养，都关乎旅客的出行体验，也关乎良好的社会风尚，特别是参与到客货服务中的铁路职工，更是起着关键性作用，愿我们成为传播文明礼貌的使者，扮靓铁路这个文明礼貌的窗口。

现如今，一个人的文明行为，不仅表现在线下，线上同样有体现。比如，能否自觉遵守网络安全法律法规，能否主动远离不良网站，能否积极传播弘扬主旋律的网络产品……作为铁路人，我们应该不断规范网络行为，争当文明用网、文明上网的好网民，努力成为传播网络正能量、唱响铁路好声音的主力军，为营造清朗网络空间、建设世界一流铁路企业贡献力量。

【荣誉墙】

时代楷模，是充分体现“爱国、敬业、诚信、友善”的价值准则，充分体现中华传统美德，具有很强先进性、代表性、时代性和典型性的全国重大先进典型。从 2014 年开始，中央宣传部组织开展“时代楷模”宣传活动，2015 年，上海局集团公司南京站“158”雷锋服务站荣获“时代楷模”称号；2024 年，中国铁道科学研究院集团有限公司首席研究员、铁路 12306 科创中心副主任单杏花荣获“时代楷模”称号。

列车乘务员帮旅客整理行李（乌鲁木齐局集团公司党委宣传部供图）

——助人为乐。俗话说，赠人玫瑰，手有余香。助人为乐，顾名思义就是把帮助别人当作一种快乐，换言之，帮助别人自身也能感到快乐。逢年过节时，大家或许会收到很多来自亲朋好友的美好祝愿，诸如心想事成、万事如意，等等。但人生一世，谁能真的一帆风顺、事事顺心？遇到困难，谁不渴望有人施以援手、帮上一把？爱人者，人恒爱之。给予和获得就像一对“孪生兄弟”，奉献不求回报，给予不求得到，坚持广种福田，一定会“愈有愈多”。

提到助人为乐就会想到一个家喻户晓的名字——雷锋，虽历经时光流逝、时代变迁，但这个名字仍然熠熠生辉。铁路职工一直是

【延伸阅读】

2023年5月6日，中央网信办秘书局、国铁集团党组宣传部决定联合开展“争当铁路好网民”活动，结合网络传播规律和铁路行业特点，分别提出了倡导弘扬的5种网络文明行为和杜绝禁止的20种网络不文明行为。

◎ 倡导弘扬以下网络文明行为：

（一）坚持正确政治方向。拥护“两个确立”、增强“四个意识”、坚定“四个自信”、做到“两个维护”，明辨大是大非，站稳政治立场，高度认同和自觉遵循党的基本理论、基本路线、基本方略，在思想上政治上行动上坚决同党中央保持高度一致。

（二）践行公民道德规范。爱党爱国爱路，团结奋斗向上，积极践行社会主义核心价值观，传承红色基因，弘扬中华优秀传统文化，明大德、守公德、严私德。

（三）培育网络文明素养。自觉遵守国家法律法规特别是网络安全法律法规，主动远离不良网站，自觉抵制网络色情低俗庸俗文化，坚决维护良好网络秩序，做到理性表达、良性互动。

（四）传播网络正能量。把握正确舆论导向、价值取向，大力宣传党的创新理论，努力讲好新时代新征程铁路故事，积极创作传播弘扬主旋律的网络产品。

（五）积极参与舆论引导。全面提升舆论引导本领，及时发现和举报网上有害信息、不法活动，敢于发声、善于发声，旗帜鲜明反对和驳斥各类网上错误言论、观点，积极传播网上正能量。

◎ 杜绝禁止以下网络不文明行为：

（一）发表违背党的基本理论、基本路线、基本方略的言论；

（二）妄议中央大政方针；

（三）丑化党和国家形象；

（四）诋毁、污蔑党和国家领导人；

（五）歪曲党史、国史、军史、改革开放史和社会主义发展史；

（六）泄露党和国家秘密、铁路工作秘密；

（七）抹黑革命先烈和英雄模范；

（八）抹黑中国铁路；

（九）制造、传播各类谣言；

（十）宣扬封建迷信、淫秽色情；

（十一）浏览、访问非法和反动网站；

（十二）出版、购买、传播非法出版物；

（十三）组织、参与反对党的理论和路线方针政策的网络论坛、群组、直播等活动；

（十四）组织、参与不法串联、联署、集会等活动；

（十五）组织、参与邪教活动；

（十六）纵容和支持宗教极端势力、民族分裂势力、暴力恐怖势力及其活动；

（十七）组织、参与赌博；

（十八）以铁路或组织（单位、部门）名义在互联网平台上注册开设个人账号；

（十九）违规组建互联网工作群组；

（二十）在互联网工作群组发布违法违规及涉密信息等。

● 开展志愿服务活动，为人民群众办实事（①济南局集团公司党委宣传部供图；②③④南宁局集团公司党委宣传部供图）

传承雷锋精神的排头兵，有长沙站星火雷锋服务站，有“做就做标准、干就干到位”的瓢儿屯站雷锋式党员服务团队……相信在雷锋精神的感召和激励下，万里铁道线上必将涌现出更多助人为乐、默默奉献的雷锋传人，也定会让雷锋精神在新时代新征程绽放更加璀璨的光芒。

——爱护公物。公物由劳动者的汗水和智慧凝聚而来，既为大家服务，更需要大家共同来维护。爱护公物是每个人都应该拥有的美德，也是一个人美好心灵的写照。

对铁路职工来说，爱护公物既是最基本的素质要求，也是高质量完成各项任务的需要。一方面，铁路是国家重要基础设施，是大众化交通工具，铁路人的职责使命就是确保国民经济大动脉的安全畅通，更好地造福社会、服务人民。另一方面，铁路飞速发展，离不开先进的工装设备支撑；高效开展工作，同样离不开先进的工装设备保障。无论哪个工种、哪个岗位，都有一些赖以谋生的工装设备。俗话说，工欲善其事，必先利其器。我们在享受它们带来的便利时，更需要把它们当成“老朋友”“老伙计”一样用心呵护。

——保护环境。人类从诞生之日起，就与自然息息相关、休戚与共，构成了不可分割的生命共同体。保护环境就是保护我们自己的家园；保护环境就是尊重自然、顺应自然、爱护自然与自然和谐相处，实现人和自然的可持续发展；保护环境就是提倡绿色低碳出行，倡导乘公交车、骑自行车、走路出行；保护环境就是要为子孙后代留下阳光灿烂、空气清新、蓝天白云、绿水青山的世界。

铁路是公认的绿色交通工具。国铁企业深入贯彻新时代中国特色社会主义生态文明思想，坚持以人民为中心，牢固树立和践行绿水青山就是金山银山的理念，把建设美丽中国摆在强国建设、民族复兴的突出位置，瞄准“双碳”目标当好节能减排“火车头”，大力提升“公转铁”“散改集”绿色高效运输模式，在实现自身发展的同时兼顾自然环境的保护，绘就一幅幅人与自然和谐共处的美丽画卷。我们看到，“串联”粤西大地上 13 个城镇的江湛铁路，建起全球首列高铁全封闭声屏障，确保鸟类繁殖栖息免受干扰；和若铁路在人迹罕至的塔克拉玛干沙漠建起近 300 公里的绿色防风固沙带，筑起“绿色长廊”；2024 年 4 月，“新建和田至若羌铁路风

● 和若铁路建设时修建了近 300 公里的绿色防风固沙带，筑起“绿色长廊”（乌鲁木齐局集团公司党委宣传部供图）

沙防护治理工程”被评为全国 2023 年度生态环境保护示范工程，成为唯一入选的铁路建设项目；地处世界“第三极”的青藏铁路，沿线生态环境十分脆弱，铁路尽最大努力在沿线设置野生动物迁徙通道，在列车上配备先进的污水和污物收集系统，打造了一条“绿色天路”……作为铁路职工，我们在保护环境上能够作出的最大贡献，就是立足岗位把每一条铁路线建设好运营好，让这个绿色交通工具更好地发挥骨干作用，更好地造福人民群众。

——遵纪守法。现代社会是法治社会，遵纪守法是每个公民的基本准则，也是做人做事的底线要求。国家的发展强大与公民的遵纪守法紧密相连、息息相关，没有健全的法律制度，没有公民法治素质的提高，就不可能维护正常的社会秩序，就不可能使人民群众安居乐业，就不可能保证社会主义现代化国家建设的顺利推进。

无规矩不成方圆。国家如此，企业亦是如此。迈进新征程，加快建设世界一流铁路企业，最根本、最可靠的是每个铁路人自觉遵纪守法，进而形成一种团结的力量、稳定的力量、奋进的力量。对我们来说，遵纪守法是具体的，必须落实到日常生活和工作中；遵纪守法也是长期的，必须持之以恒，贯穿始终；遵纪守法更是自觉的，必须转化为自身的实际行动，做一名尊法学法守法用法的新时代铁路人。

每个人心底都蕴藏着善的种子，人人皆可为尧舜。社会公德最能彰显个人的道德修养，只要我们都身体力行守公德，高举光照世道人心的公德火炬，铁路定会成为新时代培护引领社会和谐的“火车头”。

自觉践行职业道德，在企业内做一个好职工

一砖一瓦砌成事业大厦，一点一滴创造幸福生活。世间一切美好，往往都蕴含着职业道德的光芒，凝聚着每个人的道德风范。职业道德作为从业人员在职业生涯中应遵循的道德规范和行为准则，是人们通过学习实践养成的优良职业品质。《新时代公民道德建设实施纲要》指出，要推动践行以爱岗敬业、诚实守信、办事公道、

热情服务、奉献社会为主要内容的职业道德，鼓励人们在工作中做一个好建设者。

——爱岗敬业。任何一份职业，任何一个岗位都是人赖以生存和发展的基础。同样的工作，由于态度不同，给人带来的感受也截然不同。一个人只有真正热爱自己所从事的职业，才能够主动、勤奋、自觉地学习本职工作所需要的知识、技能，才能把在职业劳动中智力体力的付出看成是人生的乐趣，而不仅仅是谋生的手段。

铁路人始终传承爱岗敬业的宝贵品质与优良传统。从蜿蜒铁道线上日夜巡查的身影，到调度室里紧盯屏幕、精准指挥的专注眼神；从春运暑运高峰坚守岗位、为旅客排忧解难的贴心服务，到技术研发团队攻克难题、助力高铁创新发展的不懈探索。一代又一代铁路人以对岗位的无限忠诚，将个人理想融入国家铁路事业发展中，无论严寒酷暑、风霜雨雪，都默默坚守、辛勤付出，用实际行动诠释着爱岗敬业的深刻内涵，成为推动铁路事业不断向前发展的坚实

【荣誉墙】

为在全社会大力弘扬社会公德、职业道德、家庭美德，营造知荣辱、树正气、促和谐的社会风尚，2007年以来，中央宣传部、中央文明办、全国总工会、共青团中央、全国妇联、中央军委政治工作部平均每两年评选一次全国道德模范，分为“助人为乐”“见义勇为”“诚实守信”“敬业奉献”“孝老爱亲”5个类型。截至2025年5月共评选表彰了九届753名全国道德模范，其中铁路系统有5人获此殊荣，分别是李建珍、孙奇、刘洋、徐前凯、杜海宽。

● 尽职尽责勤勉工作的铁路人（①广州局集团公司党委宣传部供图；②乌鲁木齐局集团公司党委宣传部供图；③成都局集团公司党委宣传部供图；④沈阳局集团公司党委宣传部供图）

力量。作为普通职工，只要坚持干一行、爱一行、钻一行，始终撸起袖子加油干，时刻踏实劳动、勤勉工作，在平凡的岗位上一定能干出不平凡的业绩，拥有出彩人生。

——诚实守信。诚信，即内诚于心、外信于人。中华民族向来推崇“诚外无物”，视诚信为千金不易的可贵品质，正所谓“君子养心莫善于诚”。对诚信的执着与坚守，已深深熔铸于中国人的精神血脉，成为中华传统美德的精神因子。不管岁月如何变迁，不管

● 兰新铁路线上纵横交错（兰州局集团公司党委宣传部供图）

环境如何变化，诚信永远是景行行止的道德品质，永远是安身立命的道德标尺。

人无信不立，业不信不兴。诚实守信，不仅是做人的根本，也是企业生存和发展的根本。铁路是国民经济的基础产业和大众服务行业，面对当今激烈的市场竞争，想要求生存谋发展，必须牢固树立“人民铁路为人民”的根本宗旨，也必须坚守诚实守信的经营理念，全力维护旅客、货主合法权益，满足旅客、货主的合理诉求。而要想达到这些，就需要每一名铁路人都重信守诺，真诚做人、守信做事，让诚信成为不懈追求和自觉行动，充盈工作学习生活的各个空间。只要我们守信于己、诺信于人、践信于行，就一定能释放出助推个人成长、企业发展的巨大能量。

——办事公道。办事公道是在爱岗敬业、诚实守信的基础上，进一步深化的职业道德基本要求，是追求公正、公平、公开的道德行为体现。在工作生活中，一定会和人打交道，也必须要处理各种各样的关系，谁都希望自己受到同等对待，法律面前人人平等，机会面前人人均等。

就铁路而言，办事公道既是更好地服务人民的必然要求，也是确保队伍持续稳定的现实需要。比如，在服务旅客、货主时，无论是老人还是孩子，无论是中国人还是外国人，无论是衣着光鲜还是衣着平平，都能一视同仁，这就是办事公道。再比如，在提拔任用、奖金分配上，始终把个人品行、日常表现、业绩贡献等作为重要衡量标准，这也是办事公道。总之，工作生活中，处处需要办事公道，只要人人都能坚持原则、公私分明、光明磊落，就一定能构建更加风清气正、公平公正的良好环境。

【荣誉墙】

为深入践行社会主义核心价值观，大力弘扬劳模精神、劳动精神、工匠精神，从2014年开始，中央宣传部、中华全国总工会每年授予9名个人和1个集体“最美职工”称号。截至2025年，共评选表彰108名个人、10个集体，其中铁路系统有3名个人、1个集体获此殊荣，分别是鲁朝忠、陈佳、王振强和“雷锋号”机车组。

——热情服务。全心全意为人民服务是我们党的根本宗旨，满腔热情服务是新时代职业道德建设的主要内容。

在人民群众的日常出行中，铁路承载着万家团圆的期盼与旅途温馨的向往，是无数旅客跨越山海、奔赴亲情的移动家园，其安全正点与舒适体验，系于服务细节的毫厘之间；在服务经济社会发展的征程上，铁路作为贯通南北、连接东西的钢铁大动脉，肩负着国计民生物资高效流转的重任，是保障产业链供应链安全稳定的关键支撑。自诞生之日起，铁路便与广大旅客、货主的切身需求休戚与共，始终是支撑人民美好生活和国民经济健康运行不可或缺的运输骨干。正因如此，服务是铁路的本质属性。自诞生以来，铁路人就把“人民铁路为人民”作为根本宗旨，把为民服务的执着追求体现为干一行、爱一行，钻一行、精一行，竭尽全力提高服务标准和服务质量，在平凡岗位创造不平凡的业绩。比如，动车组机械师、检车员等坚持“修车人想着坐车人”，精检细修、排查隐患、执行标准，为铁路运输安全保驾护航；动车组司机以“车起客不知，车停客不晓”为追求，为旅客提供平稳舒适的乘车感受……车、机、工、供、电、辆等系统的职工立足岗位实际，都在为更好地服务人民群众做着努力。作为直接服务旅客、货主的站车、客运等窗口单位职工，就是通过积极参加服务技能培训和岗位练功比武等活动，不断提升服务意识和服务标准，提供精细化、差异化服务，尽最大努力满足旅客、货主的需求，推动服务转型升级。今后，国铁企业还将推出更多服务举措，以铁路人的优质服务，让旅客的出行体验和货主的运货体验更美好。

——奉献社会。奉献是一种美德，也是一种境界。何为奉献？奉献是“清澈的爱，只为中国”的报国之志，是“春蚕到死丝方尽，蜡炬成灰泪始干”的献身精神，是“誓干惊天动地事，甘做隐姓埋名人”的默默无闻……回望党领导人民奋斗的不平凡历程，千千万万共产党员不畏险阻、不怕牺牲，奉献生命和热血，燃烧青

①

②

③

④

⑤

● 铁路各系统职工都在自己的岗位上努力工作，为更好服务人民群众贡献力量（①～⑤分别由南昌局、南宁局、济南局、昆明局、乌鲁木齐局集团公司党委宣传部供图）

春和才智，挥洒辛劳和汗水，谱写了辉煌灿烂的篇章。奋进道路上，越是面临艰巨任务、严峻挑战，越需要无私奉献，越呼唤奉献精神。

作为国家铁路、人民铁路，奉献社会是国铁企业的应尽之责、应有之义，特别能吃苦、特别能战斗、特别能奉献是铁路人的优良传统和鲜明品格。100 多年来，一代代铁路人在祖国和人民最需要的时候挺身而出、勇当先行，为争取民族独立、人民解放和实现国家富强、人民幸福前赴后继，书写了一段段可歌可泣的故事。战争年代，铁路人冒着枪林弹雨，“解放军打到哪里，铁路就修到哪里”。和平年代，铁路人战天斗地、不惧艰险，在抢险救灾、抗击疫情等急难险重任务中，护送医护人员、抢运救灾物资。新征程上，铁路人定会以事不避难、义不逃责的决心和以身许国、无私奉献的行动冲锋在前，为服务党和国家工作大局贡献铁路力量，为经济社会发展畅通运输大动脉，为人民安全舒适便捷出行保驾护航。

伟大出自平凡，平凡造就伟大。立足平凡岗位，恪守职业道德，努力拼搏奋斗，就能以职业为荣，追逐人生梦想。

自觉传承家庭美德，在家庭里做一个好成员

家是最小国，国是千万家。家庭和睦则社会安定，家庭幸福则社会祥和。家庭美德作为规范家庭生活、调节家庭关系、鼓励或约束家庭成员的准则，是公民道德建设的关键一环。《新时代公民道德建设实施纲要》指出，要推动践行以尊老爱幼、男女平等、夫妻和睦、勤俭持家、邻里互助为主要内容的家庭美德，鼓励人们在家

【荣誉墙】

2019 年，为隆重庆祝中华人民共和国成立 70 周年，大力弘扬“幸福源自奋斗、成功在于奉献、平凡造就伟大”的价值理念，中央宣传部、中央组织部、中央统战部、中央和国家机关工委、中央党史和文献研究院、教育部、人力资源和社会保障部、国务院国资委、中央军委政治工作部组织开展“最美奋斗者”学习宣传活动，评选表彰 300 名“最美奋斗者”，包括 278 名个人和 22 个集体。其中，铁路系统有 4 名个人和 1 个集体获此殊荣，分别是茅以升、杨连第（原名杨连弟）、单杏花、李向前和“毛泽东号”机车组。他们忠诚于党、报效祖国，扎根一线、奉献人民，在各自岗位上做出了非凡业绩，是新中国成立 70 年来铁路行业的杰出代表，是铁路人可敬可学的榜样人物。

庭里做一个好成员。

——尊老爱幼。中国是一个历史悠久的文明古国，尊老爱幼始终是一脉相承的优良传统，也是做人的基本品行。早在两千多年前，孟子就告诫世人：“老吾老以及人之老，幼吾幼以及人之幼。”时至今日，把尊老爱幼作为家庭美德重要内容，更加反映尊老爱幼是普遍和永恒的美德。

在尊老爱幼方面，铁路也涌现出许多先进典型。比如，武汉局集团公司动车组司机刘洋，26 岁时为挽救全身烧伤、生命垂危的父亲，与哥哥接力“割皮救父”，用血肉亲情诠释“大爱至孝”，兄弟俩被评为“全国道德模范”；南宁局集团公司柳州机车车辆有限公司材料员李建珍，二十年如一日悉心照料公公、婆婆和丈夫的外婆，其家庭被授予“全国文明家庭”称号，个人获评“全国道德模范”。这些故事彰显了铁路人在家庭责任中的担当，让传统美德在新时代焕发光彩。

——男女平等。男女平等是社会主义核心价值观重要内涵，也是家庭美德建设的前提和基础。在婚姻家庭中，男女平等体现在人格独立、地位平等、权利义务一致。无论是职业发展、社会活动，还是赡养老人、抚养子女，男女都应享有同等机会、承担同等责任。

媒体聚焦

夫妻列车长值乘同一趟高铁，却不能见面……

——夫妻和睦。常言道：“结发为夫妻，恩爱两不疑。”夫妻和睦是维系家庭稳定的情感纽带，更是亲子关系、家族和谐的重要基础。和睦的家庭为常年奔波、肩负重任的铁路职工提供了温暖的避风港和坚实的情感后盾，也是铁路职工能更专注、更安心地投入安全生产、技术攻坚、优质服务的不竭动力。特别是铁路一线还有许多“夫妻档”，工作中他们在不同岗位上坚守职责，生活中相互体谅、信任、鼓励，用“舍小家为大家”的奉献精神，书写着平凡而动人的爱情故事，也为家庭幸福奠定了坚实基础。

——勤俭持家。兴国兴家，离不开勤劳与节俭。古人云：“传家二字耕与读，守家二字勤与俭”，这是千百年治家经验的凝练。勤即勤劳奋斗，幸福生活靠双手创造，懒惰终将坐吃山空；俭即节俭朴素，纵使财富丰厚，奢侈浪费也会导致家业衰败。新时代铁路人应牢固树立“勤俭节约、量入为出”的观念，传承“勤以兴业、俭以养德”的优良传统，让勤俭之风成为家庭可持续发展的保障。

——邻里互助。邻里关系是地缘相连的情感纽带，更是家庭美德向社会的延伸。中华民族历来重视邻里和谐，“远亲不如近邻”“邻里好，赛金宝”等俗语，道尽和睦邻里的珍贵。构建良好邻里关系，需以理解、宽容为基础：尊重邻居的生活习惯，体谅彼此的难处，多一份关怀、少一份计较，多一份赞美、少一份苛责。当温暖在邻里间传递，不仅能营造安宁的生活环境，更能汇聚成和谐稳定的社会力量。

家庭和睦则社会安定，家庭幸福则社会祥和，家庭文明则社会文明。当尊老爱幼、男女平等、夫妻和睦、勤俭持家、邻里互助的美德深植每个家庭，不仅能成就个人的幸福人生，更能为实现中国梦

● 郑州工务机械段开展“陪着爸妈上一天班”活动（郑州局集团公司党委宣传部供图）

凝聚起千万家庭的文明力量。让我们从自身做起，以家庭“小气候”温润社会“大气候”，让美德在新时代家庭中生根发芽、枝繁叶茂。

◈ 自觉修炼个人品德，在日常生活中养成好品行

中华民族历来重视个人品德的修炼，始终秉持“修身齐家治国平天下”的理念。个人品德作为公民道德建设的基础内容，彰显了其在道德构建中的关键地位。《新时代公民道德建设实施纲要》明确指出，要积极倡导以爱国奉献、明礼遵规、勤劳善良、宽厚正直、自强

自律为核心的个人品德，鼓励人们在日常生活中培育良好品行。

——爱国奉献。爱国奉献是新时代奋斗者的自觉价值追求。对每一个中国人来说，爱国奉献是本分，是职责，是心之所系、情之所归，深刻影响着我们的精神世界，影响着国家的发展和民族进步。

爱国奉献是铁路人的光荣传统，也是铁路人报国之志的集中体现。在暴雨洪灾前，铁路人无畏艰险、冲锋在前，防大汛、抗大灾、抢大险，昼夜坚守奋战，有力保障了铁路运输这条“钢铁大动脉”的安全畅通，全力守护了人民群众的生命财产安全；在电煤告急的关键时刻，铁路人雷厉风行、勇挑重担，多拉快跑、雪中送炭，有力保障了国民经济平稳运行和人民群众温暖过冬；在高寒缺氧的雪域高原，铁路人迎难而上、敢为人先，逢山开路、遇水架桥，安全优质推进铁路建设；在境外项目建设上，铁路人割舍亲情、奉献真情，为服务共建“一带一路”作出积极贡献……未来，爱国奉献的崇高品德必将激励一代代铁路人汇聚起奋进合力，推动中国铁路创造更多新的辉煌。

● 杭州机辆段开展爱国主义教育，举行升国旗仪式（上海局集团公司党委宣传部供图）

——明礼遵规。中国素以“文明古国”“礼仪之邦”“规范国度”著称于世。从“克己复礼，天

● 复兴号“绿巨人”穿越中川城际铁路黄河大桥（兰州局集团公司党委宣传部供图）

下归仁”的处世哲学，到“非礼勿视，非礼勿听，非礼勿言，非礼勿动”的行为约束，再到“国尚礼则国昌，家尚礼则家大，身有礼则身修，心有礼则心泰”的价值判断，中华民族始终以“重礼仪、守礼法、行礼教、讲礼信、遵礼义”为文化底色。

心中有尺，行之有矩。每个人心中都应矗立一把丈量言行的标尺，时刻校准为人处世的分寸——知可为与不可为，守原则、明底线，方能在待人接物中做到身正影直、心定神安。礼仪规矩是文明的刻度，不因时代变迁而褪色，只会在传承中不断焕新。唯有讲礼貌、守规范，才能成为品德端方、受人敬重的时代公民。

——勤劳善良。民生在勤，勤则不匮。习近平总书记强调：“中华民族是勤于劳动、善于创造的民族。”从历史长河中劳动创造的

平潭海峡公铁大桥（罗京新 / 摄）

辉煌文明，到新时代改革发展的丰硕成果，勤劳始终是中华民族薪火相传的精神密码。在铁路事业中，推动高质量发展的难题需以劳动破局，实现现代化的蓝图需以汗水绘就，建设世界一流铁路企业的使命需以实干铸就，劳动始终是最质朴的奋斗底色。善人者，人亦善之。习近平总书记指出："止于至善，是中华民族始终不变的人格追求。"社会主义现代化强国不仅是物质大厦，更是精神高原。与人为善是团结协作的纽带——在铁路各岗位上，常怀善念则互信互敬，广结善缘则聚力聚智，唯有以善意筑牢人际基石，才能在共谋发展中凝聚"心往一处想、劲往一处使"的奋进合力。

——宽厚正直。宽厚者，心怀包容之量、坦荡之怀；正直者，坚守真理之道、实事之基。人生处世，当以宽厚正直为根本。为人宽容厚道，则能容人所难容、谅人所未谅，在人际交往中传递温暖与信任；行事正派刚直，则能明辨是非、坚守原则，于细微处彰显人格力量。如此品格，如磁石聚铁，自然赢得尊重、凝聚人心。

践行宽厚正直，贵在知行合一，既需胸怀“海纳百川”的格局，以真诚之心待人处事；亦需秉持“铁肩担道义”的担当，在原则问题上旗帜鲜明。铁路现代化的核心是人的现代化，当我们将宽厚正直融入职业素养，从点滴小事中修心正行，必能汇聚成推动事业发展的道德洪流。

——自强自律。胜人者有力，自胜者强。生活从不眷顾因循守旧、满足现状者，从不等待不思进取、坐享其成者，而是将更多机遇留给勇于自强和善于自律的人。

《论语》中讲：“不得中行而与之，必也狂狷乎！狂者进取，狷者有所不为也。”进取即自强，是一种自我激励，更是催人成长的强大动力。有所不为即自律，是一种高品位的生活方式，是成就卓越人生的前提。前者在于做强优势，培养核心竞争力；后者在于克服劣势，补齐短板弱项。其实，人的一生，本质上都是在与自己战斗。只要每个人树立远大理想，笃定前行的毅力，克服惰性，治好懒病，控制欲望，管理情绪，就一定能不断超越自我，遇见更好的自己。

每一个小我，点亮一盏明德惟馨的心灯，簇起一团崇德向善之火，成就以德兴企的力量，必能为加快建设世界一流铁路企业，扎实推动铁路高质量发展和现代化建设提供源源不断的精神动力和道德滋养。

点　睛

法安天下，德润人心。法律和道德是现代国家治理不可缺少的两种重要手段，前者重在他律，具有强制性、威慑性，可稳定人们的预期，规范社会成员的行为；后者重在自律，具有调节性、劝导性，滋润社会成员的心灵。法律是成文的道德，道德是内心的法律。法律的有效实施有赖于道德支持，道德的践行离不开法律约束。

人而无德，行之不远。个人品德是个人在修养身心、规范举止方面的道德依循，与社会公德、职业道德、家庭美德，形成了由“整体到个体、由外在到身心”的完整道德链条。古人说，修身齐家治国平天下。没有良好的道德品质和思想修养，就像树无根、水无源，即使有丰富的知识、高深的学问，也难成大器。只有不断修身立德，打牢道德根基，才能让自己的人生道路行得正、走得远。我们党历来重视把“德”作为干部选拔任用的首要标准，提出“德才兼备、以德为先”的原则。各行各业虽然对员工有着不同的考核标准，但无一例外都把德行作为重要内容。这说明，高尚的品德修养，是一个人成长成才的重要前提和基础。

积善之家，必有余庆。家庭不仅是婚姻关系、血缘关系的呈现，也是道德践履的平台、品德养成的起点。古代倡导“孝悌恭敬、立业兴家”，虽时代变迁，但家庭作为“拔苗育穗的温室、幸福生活的港湾、安享晚年的依托”之功能从未改变，“家和万事兴”的处世智慧依然历久弥新。正如古训所言：“读书，起家之本；循理，保家之本；和顺，齐家之本；勤俭，治家之本。”只要我们注重家庭、注重家教、注重家风，言传身教、耳濡目染，以身作则、躬亲示范，用正确道德观念塑造美好心灵，注重发扬家庭美德、促进家庭和睦，每个人、每个家庭都将为中华民族这个大家庭作出贡献，为实现中国梦凝聚力量。

人无德不立，业无德不兴。“敬事而信”“执事敬”，爱岗敬业是中华民族的传统美德。在崇尚奋斗的社会主义新时代，“劳动最光荣、劳动最崇高、劳动最伟大、劳动最美丽”的价值理念深入人心，职业道德不仅是个人安身立命的根基，更成为企业发展、强国建设、民族复兴的动力源泉。作为国铁企业来说，能否率先建成现代化铁路强国，“人”是决定性因素。如果每个铁路人都能砥砺职业操守、恪守岗位职责、锤炼业务本领，做到“干一行、爱一行，钻一行、精一行”，必能在平凡岗位创造不凡业绩，也必将汇聚成加快建设世界一流铁路企业，扎实推动铁路高质量发展和现代化建设，努力为以中国式现代化全面推进强国建设、民族复兴伟业作出新贡献的磅礴伟力。

德耀中华，德佑未来。一个社会文明有序，既靠先善其身的私德，也离不开相善其群的公德。弘扬社会公德，就是唤起人们的公共责任心、公民义务感，破除“事不关己，高高挂起”的狭隘心理。从公共场所举止文明到邻里相处和睦互助，从举手之劳保护环境到心底无私为民服务，人人谨守社会公德，就能让道义的力量汇流成河，润泽社会和谐有序运转。对个人而言，秉持“见善如渴，闻恶如聋”的价值追求，践行“己所不欲，勿施于人”的行为准则，不仅能成为精神富有的人，更能成为有益于他人和社会的时代新人。

● 复兴号动车组列车驶出新八达岭隧道，向北京驶去（北京局集团公司党委宣传部供图 · 阴延贵 / 摄）

9

榜样篇 • 见贤思齐当先锋

——如何像新时代铁路榜样那样在平凡的岗位上创造不凡?

在绵延五千年的历史长河中，中华民族始终不乏英雄的身影。从抗倭名将戚继光到为国筑盾的防护工程专家钱七虎，从“三过家门而不入”的大禹到“宁肯少活20年，拼命也要拿下大油田”的“铁人”王进喜，从飞身堵枪眼的“特级战斗英雄”黄继光到“你后退、让我来”的排雷英雄杜富国……一个个永不褪色的名字，璀璨了历史的星空，标定了精神的坐标。

一个有希望的民族不能没有英雄，一个有前途的国家不能没有先锋。党的十八大以来，以习近平同志为核心的党中央站在时代发展的制高点上，着眼实现中华民族伟大复兴中国梦的宏大愿景，把典型示范作为重要途径，用榜样的力量温暖人、鼓舞人、启迪人，将榜样的力量融入国家改革发展的伟大事业中，融入人民创造历史

2018 年“最美铁路人”发布仪式现场（《人民铁道》报业有限公司供图）

的伟大奋斗中，激励全党全军全国各族人民撸起袖子加油干，意气风发向未来。

铁路是榜样辈出的沃土。进入新时代，特别是党的十九大以来，国铁集团坚持“幸福都是奋斗出来的”“千千万万普通人最伟大”，构建常态化典型选树宣传机制，每年推选产生“新时代 · 铁路榜样”，并由中宣部和国铁集团联合授予“最美铁路人”称号，面向全国集中发布宣传，在路内外引发强烈反响。7 年来，国铁集团层面自下而上选树宣传了 267 个铁路榜样人物；中央宣传部、国铁集团联合发布了七届“最美铁路人”先进事迹，其中包括 71 名个人、2 个集体。这些先进典型是铁路全行业的优秀代表，是奋斗成就最美人生的杰出榜样。他们成长在基层、奉献在一线、立功在平时，有的是火车站候车室的客运员，有的是重载列车装车线上的货运员，有的是行车指挥室的值班员，有的是复兴号动车组列车司机……虽然身处不同岗位，但他们始终践行“人民铁路为人民”的根本宗旨，以对党和国家的绝对忠诚、对人民群众的真挚感情、对铁路事业的高度负责，在平凡岗位上做出了不平凡的业绩，用实际行动展示着新时代铁路人的先行风采、服务本色、担当品格、奋斗精神。

先行，交通强国的使命召唤

铁路先行是历史的传承、时代的召唤、强国的必然，凝聚着几代铁路人的心血汗水和不懈追求。

先行，总是在走别人没走过的路。

铁路 12306 是全球最复杂、最庞大的票务系统。这背后离不开一个娇小的身躯——中国铁道科学研究院集团有限公司首席研究员、铁路 12306 科创中心副主任单杏花。她面向国家需求，聚焦专业领域，致力于我国铁路客票系统研发 20 余年，主持铁路运输组织、旅客服务、收益管理理论和技术研究，带领团队将 12306 系统建设发展成全球交易量领先的超大型实时票务系统，为我国铁路数字化智能化发展作出了突出贡献，赢

微视频

2018 年“最美铁路人”发布仪式完整视频

2024 年 12 月，中宣部授予单杏花同志“时代楷模”称号

得了社会广泛赞誉。2024 年 12 月 9 日，中央宣传部授予单杏花“时代楷模”称号，褒扬她是以科技创新赋能交通强国建设的铁路先锋，面向全社会发布宣传单杏花同志先进事迹，并号召广大干部群众特别是科技工作者、铁路工作者向单杏花同志学习。

当中国高铁还处在起步阶段时，作为第一代动车组检修人，面对动车组检修无资料可学、无经验可循的困境，沈阳局集团公司沈阳动车段技术支持中心主任唐云鹏、西安局集团公司西安动车段动车组技术中心动车组机械师董宏涛、上海局集团公司上海动车段调试车间工长张华，他们从零起步，在实践中摸索学习业务技能，潜心钻研攻克一系列疑难故障，迅速成长为行家里手、技术状元。其中，唐云鹏荣获全路第一个 CRH5 型动车组个人全能第一，参与编写《CRH5 型动车组应急故障处理手册》等多项作业指南，填补 176 项技术空白；董宏涛带领工友革新改造实用工装 26 项，其中 22 项获得国家专利；张华优化调试工艺 57 项，研制新型工具装备 28 种，开发检测平台 12 套，其中 27 项获省部级及以上技术成果、43 项获国家专利。

2018 年“最美铁路人”报告文学集

全长 653 公里的大秦铁路承担着中国铁路四分之一的煤炭运量，被誉为“中国重载第一路”。太原局集团公司湖东电力机务段重载司机景生启工作 30 多年，先后参与了 6000 吨、1 万吨、1.5 万吨、2 万吨、3 万吨重载组合列车开行试验任务，是推动我国重

● 2018 年“最美铁路人”先进事迹巡回报告会现场（成都局集团公司党委宣传部供图）

载技术取得历史性突破的“排头兵”。他攻克“上坡道启车”等 12 个重载技术难题，独创“生启治坡法”，总结的《2 万吨精准操纵法》填补了世界重载列车操纵技术标准的空白，让列车运行更快更稳。

2012 年 12 月 1 日，世界首条高寒高铁——哈大高铁开通运营。在此之前，还没有人驾驶动车组列车在冬夏季最高温差达 70 多摄氏度的环境下安全运行。哈尔滨局集团公司三棵树机务段动车组司机邢云堂一闸闸试、一趟趟练，采集极寒条件下牵引、制动等操纵数据，总结规律、积累经验，牵头制定哈大高铁风雪天气作业标准、应急处置指导书等制度办法，成为动车组司机的必备工具书，也填补了高寒高铁驾驶技术标准的空白。

京张高铁是 2022 年北京冬奥会、冬残奥会的重要交通基础保障设施，也是全球第一条时速 350 公里的智能高速铁路。作为工程建设管理负责人，京张城际铁路有限公司运输安全部副部长王久军带领团队开拓进取、攻坚克难，在全线控制性工程——清华园隧道、新八达岭隧道的贯通中，开创了洞内路基全预制拼装技术的先例，创造了大直径盾构机近距离穿越地铁施工沉降最小的纪录，不仅把京张高铁打造成了精品工程，还让它变成了世界上最“聪明”的高铁。

2019 年“最美铁路人”发布仪式现场（《人民铁道》报业有限公司供图）

历史车轮，滚滚向前。未来，中国铁路高质量发展的脚步将越来越快，只有始终保持敢闯敢试、敢为人先的精神，走别人没走过的路，才能收获别样的风景。

先行，总是在解决许多未知的难题。

创新不怕难，只要肯登攀。面对“非接触式接触网检测技术”这个世界难题，上海局集团公司科学技术研究所副所长朱挺迎难而上，一次次试验失败、一次次从头再来，记录了 8 万多条试验数据和厚厚的 10 本试验日志。第一代车载非接触式接触网检测系统成功问世后，他又着手研制高铁“万能”巡检车，2018 年 12 月，国内首列时速 160 公里电传动多专业综合巡检车上线，实现了沿线工务、电务、供电设备结构状态的可视化巡检。

工作20多年，武汉局集团公司金鹰重工工程机械研究院副院长王江设计了接触网检修、钢轨打磨等30多种铁路工程机械。在破解大功率重型轨道车高原条件下各种运用难题时，他克服严寒、缺氧等困难，经受住了高原负压、风沙大、温差大等恶劣环境的考验，填补了高海拔大功率轨道车的空白。在研制96头钢轨打磨车时，他用3年时间攻克了26项技术难题，开发的新一代打磨控制系统、车载廓形监测系统，作业后钢轨表面粗糙度控制在6微米以下，引领中国钢轨打磨车研制水平迈入世界前列。

车体是动车组九大核心技术之一。在高铁技术引进的关键阶段，中车唐山机车车辆有限公司车体事业部特级技师张雪松奉命带队制造一辆铝合金样车。一切从零起步，十几个昼夜、几十次试验，解决了车体底架挠度超差等30多项技术难题，成为国内高铁铝合金车体制造“第一个吃螃蟹的人”。随着中国高铁进入智能制造时代，张雪松又带领团队在智能检测、智能工装、智能打磨、智能产线等方面不断攻坚克难，先后开展技术革新109项，形成关键核心技术，巩固扩大了中国高铁的领跑优势。

海南环岛高铁是全球首条环岛高铁，由于常年受台风、雷害等恶劣天气影响，室外电缆盒容易因潮气、雨水侵入，造成电缆绝缘不良，甚至短路。广州局集团公司海口综合维修段海口综合维修车间信号工王笑冰带领工作室成员开展课题攻关，一点一点积累、一点一点改进，开发了集无线传输和自供电

微视频

2019年“最美铁路人”发布仪式完整视频

功能的监测模块，解决了以往只能耗费人工逐个开盖排查室外电缆盒状况的难题。他还带领团队开发了多功能作业车平台、智慧无人机平台等多项成果，用心守护着环岛高铁信号安全。

微视频

2019年“最美铁路人”先进事迹报告会完整视频

干一行、爱一行、精一行。广州局集团公司汕头机务段检修车间工长茹德玖20年专注解决现场技术难题，先后攻克内燃机车联合调节器油马达故障等16件疑难杂症，安全检查机车1.5万台次，有力确保了京九大动脉的安全畅通。他不断改良工具，创新研制出联合调节器“专用快速测量样规”，测量效率和精度大大提升。针对粤东铁路特点，他带队优化高铁、普铁和城际铁路旅客列车操纵法，不断提升旅客出行体验，服务建设“轨道上的大湾区”。

重载列车的安全运行，离不开车载无线通信设备对操控命令的精准传输。26年来，太原局集团公司大同电务段湖东移动车间通信工丁巧仁将破解重载列车综合无线通信设备（CIR）技术难题作为主攻方向，先后完成科研成果22项，技术改进11项。他带领团队自主修复列车车载通信设备60余台，先后解决和谐型机车新旧车载无线通信设备不能通用等难题20项，实施规模化技术改造3次，创效2000余万元，故障率下降70%。

创新贵在坚持。没有坚持，创新可能就只会停留在昙花一现的灵感，而缺少转换落地的精彩。科技创新永无止境，只要坚持不懈，人人都可以创造属于自己的奇迹。

先行，总是在引领世界的潮流。

2020 年底，以时速 250 公里 CR300 型复兴号动车组列车成功研发投用为标志，全系列复兴号动车组列车投入使用。在复兴号研发之初，中国铁道科学研究院集团有限公司机车车辆研究所所长张波“啃”完一人多高的技术资料，通盘考虑 807 项关键技术要素，完成了中国标准动车组列车设计蓝图。为测试首列中国标准动车组列车性能，无论严寒酷暑，他在车上一待就是十几个小时，高质量完成长达一年多的静态、低速和正线高速试验，成就了“复兴号”这一国之重器。

“我要把每一个产品做成精品，为祖国造最好的车。”中车青岛四方机车车辆股份有限公司钳工特级技师、中国中车首席技能专家郭锐说。面对复兴号动车组列车转向架采用全新的分体式轴箱装配的技术瓶颈，郭锐带领团队制订了 90 种装配方案，上千次反复验证，终于找到最佳装配方案。他们攻克一个又一个难关，编制了 220 份作业要领书，高速动车组列车转向架的装配技术标准在郭锐团队的手中逐步建立、持续提升，形

【延伸阅读】

2019 年“最美铁路人”报告文学集

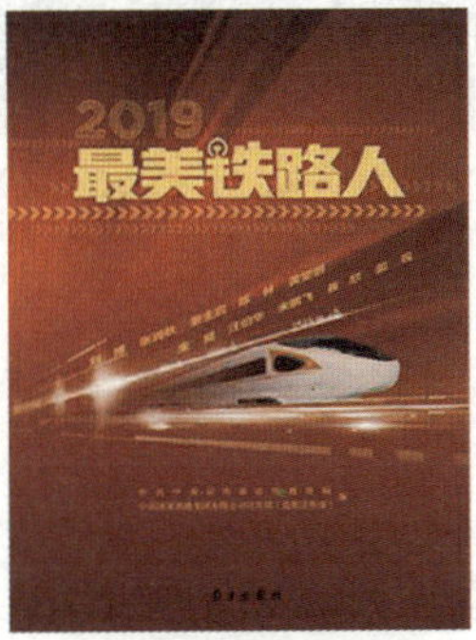

扫码读书

扫码听书

2020 年“最美铁路人”发布仪式现场（《人民铁道》报业有限公司供图）

成了中国自己的工艺标准体系，达到世界领先水平。

科研工作就是爬山过坎，把一个个不可能变成可能。在复兴号的“心脏”——牵引变流器研发道路上，中车株洲电力机车研究所设计专家陈燕平从未止步，不断在前沿技术上探索，打破现有思路，提出了全新的芯片方案。面对许多技术专家的质疑和反对，她带领团队跑遍了国内外数十家科研单位和企业，试遍了大家听到的、想到的所有技术路线，经过几十次的技术方案迭代、研制与试验，成功研发出新一代牵引变流器，并装载于 CR450 试验列车上，跑出了中国新速度。

中国通号北京全路通信信号研究设计院集团有限公司安全控制

技术研究院总工程师陈志强，带领团队经过一年多的科研攻关，研发出具有中国自主知识产权，适应中国高铁发展需要的 CTCS-3 列控系统，摆脱了少数国家对高铁列控技术的垄断。作为他的同事，中国通号北京全路通信信号研究设计院集团有限公司基础装备技术研究院党总支书记、院长刘贞，带领团队开发完成了具有完全自主知识产权的 DS6-60e 全电子联锁平台、DS6-100 型安全计算机平台、安达嵌入式安全操作系统等产品，有力支撑了列控装备的自主化进程。正是因为他们的不懈努力，才为中国高铁加装了“智慧大脑”。

雅万高铁是“一带一路”标志性项目，是中国高铁成套技术标准体系全方位“走出去”的第一单。为了拿下中国高铁海外“第一单”，中国铁路设计集团有限公司印尼雅万高铁项目部常务副经理、总体设计负责人夏健带领团队，组织完成了高质量的可行性研究报告，在激烈的竞争中成功中标。面对雅万高铁项目地质条件涵盖火山、滑坡、水库坍岸、地震液化层、活动断裂带等高铁建设最头疼的“拦路虎”，他与团队肩扛手提 20 公斤重的仪器徒步走进人迹罕至的热带雨林和深山密林，反复踏勘论证，攻克了一系列技术难题，实现了国内国际高铁技术标准的“软联通”。

桥，对于大多数人来说是城市交通的纽带。但对于中国中铁工业股份九桥公司电焊工王中美来说，桥是为之奉献一生的事业。她入行二十二载，先后完成中国桥梁里程碑南京大胜关大桥、武汉天兴洲大桥、沪苏通

微视频

2020 年“最美铁路人”发布仪式完整视频

● 2020 年"最美铁路人"先进事迹报告会现场（《人民铁道》报业有限公司供图）

长江大桥和"一带一路"重点项目孟加拉国帕德玛大桥等 60 余座特大型桥梁焊接技术攻关，攻克了三代高强度高性能桥梁钢焊接技术、1800 吨大型全焊整节段桁梁焊接技术等 30 余项技术难题，开创了填补国内空白的海上接桩横位自动化焊接工艺，推动铁路桥梁新钢种实现三大跨越，累计完成焊缝长度 60 余万米，获得授权专利 19 项。

现如今，国铁企业步入了高质量发展的快车道，加快建设世界一流铁路企业的蓝图正在徐徐展开。相信在不久的将来，我们都将作为亲历者、推动者，共同参与和见证中国铁路更好服务和支撑中国式现代化。

服务，造福人民的初心映照

服务是国铁企业的基本属性。铁路人的不懈追求就是：人享其行、货畅其流，让流动的中国更加生机盎然。

服务，就是努力满足旅客的需求。

呼和浩特局集团公司呼和浩特站托克托东站副站长李峻屹常说："服务好一次旅客不难，难的是一辈子一心为旅客。"1993 年，李峻屹走上铁路客运岗位，每天面对形形色色的旅客，他努力学业务、练礼仪、找窍门，摸索出了一套"五、六、七"服务"秘诀"。寒来暑往，他带着队员忙前忙后，做老年旅客的"儿子"、残疾旅客的"拐杖"、盲人旅客的"眼睛"……如今，李峻屹继续带着一颗爱的火种，无怨无悔地在草原上尽情播撒着"人民铁路为人民"的大爱。

上海局集团公司杭州客运段甬广车队党总支书记陈美芳始终要求自己每次服务都要给旅客春天般的温暖。2015 年一天凌晨，陈美芳巡视到列车 14 号车厢时，了解到一名旅客的孩子因患地中海贫血症刚动过手术，她连夜发动班组成员献爱心，旅客拿到爱心捐款时两行热泪直流。得知父女俩每月都要去广州配药，陈美芳主动与他们结下服务对子，在他们买不到卧铺票时腾出"爱心铺"，并通过各种方式帮助他们全家走出困境。20 多年的职业生涯中，这样的事情不胜枚举，

微视频

2020 年"最美铁路人"
先进事迹报告会
完整视频

旅客说“这是一趟有感情的列车”。

北京局集团公司北京南站售票车间党支部书记张润秋，曾是“润秋服务组”“润秋爱心服务区”（现更名为“京铁爱心服务台”）的带头人。2019年中秋节，正在值班的张润秋收到一位姓葛的老人亲手做的月饼。原来，之前葛奶奶的妹妹病危，当时北京到上海的车票十分紧张。看到在候车室里默默落泪的葛奶奶，张润秋主动“揽活”，往售票口跑了十几趟，终于帮老人买到一张退票，并送她上车。“润秋服务组”先后开设热线、微博，实时为旅客排忧解难，收到旅客数以万计的感谢信、锦旗。

微视频

央视《焦点访谈》聚焦2020年“最美铁路人”

守护小康路上“不让一个人掉队”的温度，也有铁路人送去的一份温暖。成都局集团公司成都客运段5633/5634次列车长阿西阿呷值乘的“慢火车”，穿越国家重点帮扶地区凉山彝族自治州。她在列车上搭建临时产房，接生婴儿数十名；她和同事们精心改造车厢，将“慢火车”建成流动的农贸市场。渐渐地，乡亲们收入增加了，也慢慢富裕起来。值乘多年，阿西阿呷以“一辈子一趟车”的真情守护着承载大凉山乡亲们希望的“慢火车”。

日益完善的铁路网架起了民族团结“幸福路”，铁路人也在用心用情浇灌着民族团结之花。乌鲁木齐局集团公司库尔勒客运段和田一队“民族团结一家亲号”列车和特1组列车长米尔班·艾依提，调动全车班力量，创新推出“民族团结5分钟广播”节目讲述民族团结故事，开设“语言小讲堂”为想互相学习对方语言的少数民族和汉族旅客提供便利，在车上帮助沿途的老百姓带货推销农产品，将列车打造成享誉新疆的宣传民族团结的“流动阵地”。

“客运工作是张答卷，旅客就是我们的阅卷人。”沈阳局集团公司大连站客运车间值班站长刘晓云这样说。在这张写满真情和汗水的答卷上，刘晓云感动着无数旅客。2017 年的一天，刘晓云正在候车大厅忙碌着，突然得知卫生间有孕妇即将生产，她处变不惊，抓起医药箱跑到现场，凭借多年积累的医疗经验完成了接生，并将母子护送至医院。多年来，她和“馨驰半岛”服务团队先后救助 130 多名突发疾病的旅客，守护着万千旅客的出行路。

同样的感动也弥漫在南昌站的候车室里。南昌局集团公司南昌站客运车间客运值班员李军把旅客当亲人，看到有难处的旅客都会第一时间提供帮助。面对因人生发生重大变故而需经常往返外地的徐姓旅客，她多次帮忙买车票、带盒饭、打开水，送他检票上车、跟车长办好交接，还主动关心其身体康复和工作进展等情况，陪着旅客一起走过了那段艰难的日子。多年来，李军扎根“红土情”服务台，服务重点旅客 36.6 万多人次，

【延伸阅读】

2020 年“最美铁路人”

报告文学集

扫码读书

扫码听书

● 2021年“最美铁路人”发布仪式现场（《人民铁道》报业有限公司供图）

守护着万千旅客的出行路。

在服务保障2022年北京冬奥会、冬残奥会的舞台上，北京局集团公司北京客运段京张高铁车队列车长吕盼用一流的服务展示了新时代铁路人的风采。北京冬奥会、冬残奥会期间，她针对赛事人员、运动员、外籍记者，推出“赛会信息播报”“京张高铁介绍”等10项专属服务措施；针对高铁列车穿过隧道时一些旅客产生耳鸣的情况，改良出一套“防耳鸣操”等特色服务。有的旅客跟着吕盼学做“防耳鸣操”缓解了不适，为她竖起大拇指；有的旅客称赞她的盲文服务卡细致周到。以吕盼为代表的“雪之梦” 服务品牌向世界展示了中国高铁的高品质服务。

“把服务做在旅客开口前”是上海局集团公司杭州客运段高铁一车队“西子号”列车长车菲菲常挂在嘴边的话。她始终坚持“满意不是标准，标准是更满意”的“西子号”精神，总结提炼出“真情服务十到法”和“四点服务法”，推出了列车百宝箱、儿童防走失贴、行李标识贴等人性化服务举措。杭州亚运会期间，她率领“西子号”乘务组累计服务 38 批次 270 名运动员、裁判、媒体等亚运相关人员。作为党的二十大代表，她深入企业、学校、社区、工厂和列车宣讲党的二十大精神，在路内外开展宣讲 75 场次，受众 8000 余人。

高铁穿梭、人头攒动，宽敞明亮的深圳北站候车大厅里，温暖的阳光勾勒出一个灵动的身影——广州局集团公司深圳车站深圳北“迎春花”服务队队长李元。她和队员们创新服务模式，推行以“铁路通、深圳通、英语通、粤语通”为内容的“四通服务法”，服务重点旅客 10 余万人次，特别是为 2800 余名视障旅客提供“点对点”服务，多次被中央媒体点赞报道。她主动串联交通行业，构建以深圳站为核心，以接驳站点为半径的“爱心服务圈”，让 40 万名旅客享受了从“车门”到“家门”的全程无忧服务。

微视频

2021 年“最美铁路人”
发布仪式完整视频

服务因用心而精彩，人生因奉献而美丽。面对人民群众对美好出行体验的新期待，客运服务必将大有可为，也必将大有作为。

2021 年“最美铁路人”先进事迹报告会现场（《人民铁道》报业有限公司供图）

服务，就是尽心解决货主的难题。

“办法总比困难多”，是济南局集团公司济南铁路物流中心黄岛营业部孟照林挂在嘴边的一句话。只要工作中遇到难题，他总是积极出主意、想办法，直到问题解决。得知某企业有一批复工复产急需的矿石因疫情影响汽运受阻，工厂可能面临停产，他立即与企业联系，组织铁路运力以最快的速度、最短的时间将 1.5 万吨铁矿石发送运达。“孟照林式”的忙碌不但成为铁路服务保通保畅的生动写照，也使董家口南站的货物发送量明显提升。

在大秦铁路这个“西煤东运”的大动脉上，太原局集团公司朔州车务段宋家庄站业务主管薛胜利在为保通保畅作贡献。2021 年 9 月，全国电煤供需偏紧，“电煤保供专项行动”打响。薛胜利带领团队迅速拿出加强货源组织、优化装车作业、开辟绿色通道等12项保供服务措施。一个月后，宋家庄站首开东北“点对点”直达电煤货运列车，为5家热电厂、1500余万居民解决了燃“煤”之急。“为了人民群众冬天的暖气、夏天的凉风、一年四季的照明，能够多运煤、运好煤，是我这个老铁路、老党员的最大心愿。”薛胜利朴实的话语道出了一个铁路人的情怀。

在包西铁路北段，西安局集团公司西安铁路物流中心榆林营业部货装值班员王婷婷头雁引领群雁飞，让物畅其流，货行神州大地。她带头组建物流总包和合同制运输宣传团队，主动申请深入最偏远的、新建的20多家厂矿企业宣传“公转铁”“一口价”优惠政策，为企业定制服务方案，揽来新增货源24万吨。她提出集装箱运输正面吊点动试吊、卡住F-TR锁落等安全风险卡控措施20余条，优化空车选用、装车盯控等作业程序10余项，为货装安全提供了“保护锁”。

“想货主之所想，急货主之所急。”落实到行动上或许就是设身处地为对方思考，又或许是满怀诚意与对方沟通，每一次的尝试和努力，都是铁路人赢得市场的砝码。

服务，就是尽力铺就平安出行路。

“最大的心愿就是一直干到天下无贼。”广州铁路公安局长沙公安处株洲北站派出所所长宋鹏飞从事反扒工作近20年，无数次面对危险，甚至多次与死神擦肩而

微视频

2021年“最美铁路人”
先进事迹报告会
完整视频

微视频

央视《焦点访谈》聚焦2021年“最美铁路人”

过。一次在娄底站，小偷逃脱中顺势拉他一起滚下站台。发车铃响，小偷抓住车底发狠地说：“放开我，要不就一起死！”千钧一发之际，宋鹏飞一脚踹开小偷的手，双手抱住他的腰，用尽全力从车底滚了出来。有人问他：“抓个小偷，为啥这么拼命？”宋鹏飞说：“我不只是在抓小偷，更是在守护旅客安全和老百姓对铁路的信任。”

上海虹桥站处于虹桥综合交通枢纽中心，是我国最繁忙的火车站之一。不少打包揽客、贩卖伪劣商品的不法分子就盯上了这里，范某就是其中的“刺头”之一。上海铁路公安局上海公安处虹桥站派出所政委周荣亮带队将范某捉拿归案后，了解到他家庭困难，多次上门看望他的家人，尽力帮助解决生活难题，范某得知后感动不已，最终改邪归正。不少违法分子得知后也对周荣亮心服口服，滋扰站区多年的顽症也基本得到了解决。周荣亮还组织成立虹桥义警队，协同管理车站治安，让车站报警数量下降了80%。

警民同心保安全，铁路沿线环境才能得到更好改善。广州铁路公安局惠州铁路公安处惠来站派出所三级警长朱少铭在进村开展爱路护路宣传过程中，发现村里有一些孤寡老人生活比较困难，他一有时间就会带些生活用品上门看望，帮助老人干些力所能及的家务。慢慢的，他从最初的朱警官变成了大家口中的阿铭，村民也开始主动帮助他维护铁路安全，很多人还成了义务治安员。在他管辖的26.5公里铁路线上，从未发生过一起危及行车安全的案件。

南昌铁路公安局福州公安处福州车站派出所副所长杨仁德也是用心、用情、用力，满腔热忱为旅客和人民群众排忧解难的好警察。从警以来他潜心钻研警务技能，摸索出“十八字”网上追逃工作法，共抓（查）获违法犯罪人员 1600 余名；践行新时代“枫桥经验”，为旅客群众做好事 9400 余件，找回遗失物品 4900 余件，帮助找回走失老人、小孩 180 名，捐资助困 10 余万元；他带头成立“杨仁德警务室”，还自筹资金设立“爱心基金”，为困难旅客购买爱心车票，用责任与担当践行“人民铁路为人民”“人民公安为人民”的铿锵誓言。

铁路人最大的心愿就是让每名旅客能够平安抵达终点。郑州站日均接发旅客 20 万人次，高峰时达 40 多万人次，有一次，郑州局集团公司郑州站运转车间车站值班员蒋涛接到客运调度通知：Z94 次列车 8 号车厢有一名孕妇出现紧急情况，需要快速做好应急。面对旅客的生命安全，蒋涛让救护车马上开往 1 站台，随即下达了将列车也停靠 1 站台的指令，并重新研究制定受影响列车接发计划。虽然后来他和同事花了近 2 个小时才将运输秩序恢复正常，但是他始终觉得没有比人的生命更重要的事，如果再遇到类似情况，哪怕多抢 1 分钟或者半分钟，他都

【延伸阅读】

2022 年第 3 期《求是》杂志刊发国铁集团党组署名文章，礼赞奋斗在祖国万里铁道线上的“最美铁路人”

会毫不犹豫地抢出来。

“来车站的都是出门人，出门在外都不容易。”南宁铁路公安局南宁公安处南宁东站派出所二级警长高明伟从警 20 年、客运执勤 11 年，在做好业务工作的基础上，为旅客做好事 1 万余起，寻回丢失的行李物品 5000 余件，挽回旅客群众经济损失 1000 余万元，获得感谢信 500 余封，锦旗 300 余面，被誉为“寻包达人”。为提高为民服务质效，他充分发扬“枫桥经验”，牵头成立“明伟号”服务团队，以科技信息化、大数据等方式服务旅客，真正实现“让为民服务插上科技的翅膀”的美好愿景。

【延伸阅读】

2021 年“最美铁路人”报告文学集

扫码读书

扫码听书

担当，敢于拼搏的无我境界

铁路是国民经济大动脉、大众化交通工具、重大民生工程，只要中央有号召、人民有需要，铁路就会以实际行动展现国铁企业的责任担当。

担当，就是在平常时候看得出来。

“任何情况下都要严格执行作业标准，任何情况下都不能存侥幸心理。”凭着这种执着，广州局集团公司娄底车务段冷水江东站值班员杨卫华工作多年实现了零违章、零违

● 2022 年“最美铁路人”发布仪式现场（《人民铁道》报业有限公司供图）

纪、零事故。干调车时，为确保安全精准，他常利用工作之余徒步勘测线路，详细标记每条线路的长度、坡度、容车数等数据。经过数千次练习测距观速和默画站场示意图，他对每条专用线的情况都了如指掌。杨卫华总结提炼出“杨卫华安全调车法”和“调车作业七字诀”，涉及调车作业的各个关键环节，被广泛推广运用。

每天检车锤捶打出的“叮叮当当”声，在武汉局集团公司武昌客车车辆段武昌运用车间质检员黄望明听来是最悦耳的声音。30 多年来，黄望明检修客车超过 71 万辆，没有一辆出现安全问题，被称为“检车神探”。他发明创造了 26 种生产工具，为单位节约 500 多万元。依托“黄望明技能大师工作室”解决疑难问题 400

多个，获得了国家级、省部级创新成果奖 8 项。“检车锤，一头平，一头尖。平的这头，提醒我脚踏实地；尖的那头，告诉我刻苦钻研。”黄望明的深刻感悟正是他笃信笃行的写照。

新疆和田地处塔克拉玛干沙漠和昆仑山之间，曾是全国“三区三州”重点贫困地区，也是国铁集团定点帮扶的 4 县区之一。时任乌鲁木齐局集团公司驻和田县拉依喀乡达奎村工作队副队长亚库甫·阿沙木都，面对干旱的土地、凋零的庄稼、整村缺水的难题，他带队用 3 个月建成了 1500 米的防渗渠，解决了 185 户贫困户 1000 亩核桃树的节水灌溉问题。2017 年，达奎村核桃产量突破 12 万公斤，创下历史之最。2018 年，亚库甫又被派到和田县吉格代艾日克村。他动员有技术的村民办配电箱厂，当年营业额就超过 200 万元。2020 年，铁路定点帮扶的和田县 12 个贫困村全部脱贫摘帽，亚库甫的辛劳贡献让铁路精准扶贫工作在边疆小村结出了最甜最美的果实。

微视频

2022 年“最美铁路人”发布仪式完整视频

唐古拉区段海拔最高处达 5072 米，空气含氧量仅为平原的 45%，被称为“生命禁区”。青藏集团公司格尔木工务段望昆线路车间党支部书记于本蕃就工作在这里。2014 年的一个冬夜，唐古拉地区突降暴雪，于本蕃组织人员赶赴现场，发现道岔因积雪无法转换后，他带领工友争分夺秒地清雪，抢通正线后又马不停蹄地清理侧线道岔。经过一夜的奋战，列车先后正点通过。多年来，于本蕃每天徒步巡检线路至少 10 公里，巡检时间超过 8 小时，虽然经

● 2022 年“最美铁路人”先进事迹巡回报告首场报告会现场（《人民铁道》报业有限公司供图）

历过无数次雨、雪、冰雹的袭击，但他却始终坚守在这里，用心守护线路安全。

在世界上海拔最高的铁路——青藏铁路上，青藏铁路公安局格尔木公安处乘警支队政委郑天海连续坚守了 10 年。2010 年 5 月，得知沱沱河站派出所需要补充警力时，郑天海第一时间递交了请战书，毅然前往。他的理由很直白：“组织有需要，我就必须上！”2020 年 4 月，郑天海因身体缘故被调离沱沱河，临别时满满一柜子哈达的背后，每一条都有一个暖心故事，记录着他与当地牧民的高原深情。

微视频

2022 年“最美铁路人”
先进事迹报告会
完整视频

满洲里站是我国最大的陆路边境口岸站，也是“一带一路”中蒙俄经济走廊东北通道的重要节点站。哈尔滨局集团公司满洲

微视频

央视《焦点访谈》聚焦2022年“最美铁路人”

里站运转车间值班站长马如铁就负责经满洲里站进出口中欧班列编解取送等运输组织工作。近年来，满洲里口岸运量急剧攀升，面对中欧班列集中到达及进口煤炭换装积压的难题，马如铁带领业务骨干向运输组织要效率，提出优化换装场区调车作业方式、增加备用换装线等建议，快取快送全面提升满洲里站换装作业能力。“国门之下无小事，我们的一言一行、一钩一调，都要拿得起活、体现出中国标准、中国效率。”马如铁20多年始终如一。

西安局集团公司安康工务段巴山线路车间巴山线路工区工长王庭虎，19岁走进巴山，耐住山区的寂寞和清贫，守护襄渝线最难养护的一段线路长达30多年。他始终坚守比国家标准更为严格的“巴山标准”维护线路，提出“工厂化”单元维修线路养护模式，摸索出道岔养护四步法、第三方查看分析等新的检查维修养护办法，不实现安全目标决不罢休，保证了线路设备优良运行，用行动诠释了巴山养路人的使命和担当。

兰州局集团公司兰州高铁基础设施段军马场高铁接触网运行工区工长陈永红，11年来，扎根祁连山，带领军马场高铁接触网运行工区职工，在世界高铁海拔最高点默默守护接触网设备，发现和防止典型设备故障48起，在每年长达9个月的冰雪期，为祁连山隧道群精准打冰1200余次，出色应对暴风雪、地震等急难险重任务，带领工区连续10年实现隐患“零漏检”、安全“零事故”。

青藏集团公司西宁工务段西宁高铁桥隧车间检查工区桥隧工马万里，始终以高度责任感和使命感，在工务行业深耕28年，从一名医科学生成长为一名铁路桥隧的“好医生”。凭借多年工作经验，他总结出眼看、手敲、耳听的“1+N”桥隧检查法，运用于281公里的高铁线上，精心守护着29座隧道、89座桥梁设备的安全稳定。他独创发明的“空眼吊线”法，解决了带弧形铁路桥上水泥栏杆更换铁质栏杆过程中遇到的定桩难题。

把简单的事情重复做、重复的事情用心做，这是很多榜样的成功之道。只要心无旁骛，把当下的事情做好，日积月累自然会有意想不到的收获。

微视频

5位2022年“最美铁路人”代表参加中外记者见面会

担当，就是在关键时刻站得出来。

在南昆铁路上，有一位有着“铁”担当的工长，他就是南宁局集团公司百色工务段百色线路车间百色综合维修一工区工长汪伯华。他守护半生的南昆铁路，穿山越河，自然灾害多发，养护难度特别大。每养护1公里线路，他就要深蹲跪地200多次、俯身弯腰2000多次，有时遇到高温酷暑天气，钢轨温度高达60摄氏度，他也要跪在钢轨上检查线路，膝盖上都烫起了泡。凭着这股苦干实干的劲头，他先后担任岩龙、田丁、沙厂坪、兴义等7个线路工区工长，把这些工区全都带成了先进工区。

得知要从上海向武汉运送医护人员和抗疫物资的消息后，上海局集团公司上海机辆段动车组指导司机冯剑坚第一个报名。而上海机辆段动车组司机不值乘上海至武汉区间段，对该区间不熟悉，必须跑一趟试验车，把运行数据弄清楚，才能确保万无一失。谁来跑？还是冯剑坚第一个报名。2020 年 1 月 30 日清晨，冯剑坚带着另一名司机值乘试验列车驶出上海虹桥站，带回了详细的线路坡度、站台长度、分相区段等关键信息。之后的一个月，冯剑坚与同事们在这条抗击疫情的生命通道上往返奔驰，源源不断运送医护人员和物资，为抗击疫情贡献力量。

一脸“高原红”的昆明局集团公司昆明北车辆段设备车间检车员陈向华经历了云贵高原的风霜雨雪，熬过了四季的冷暖交替，用数十项技术创新成果、28.8 万辆铁路货车安全检修成绩书写了自己的人生高度。2021 年 10 月，陈向华接到为中老铁路试运行“选车”的紧急任务。5 天时间，陈向华带着 6 名团队成员连续作战，转战 4 个作业场，从 2000 多辆备选车中挑出 240 辆精品车，为中老铁路试运行提供了高质量、高标准的车辆。

疫情防控期间，铁路运输成为防疫人员和物资的主要“绿色通道”。由 33 名同志组成的武汉站“头雁”党团员突击队在风险最大、任务最紧的地方勇敢战斗，积

【延伸阅读】

2022 年“最美铁路人”报告文学集

扫码读书

扫码听书

极转运物资和服务医护人员。2020 年 2 月 1 日一早，600 多箱医疗物资紧急运抵武汉站，20 多名“头雁”党团员突击队队员分成两列连起“人力传输带”，接力抢卸物资。16 分钟后，突击队员就将整整 4 节车厢物资全部卸完。那段时间，“头雁”党团员突击队靠着肩扛手搬，圆满完成 500 多趟动车组 3 万余箱防疫物资的转运任务，服务运输 1 万多名医护人员。

有多大担当才能干多大事业，尽多大责任才会有多大成就。身处铁路高质量发展的“黄金时代”，挑战和机会同样多，只要我们迎难而上勇挑重担、锐意进取争创一流，就一定能在平凡岗位创造不平凡的业绩。

担当，就是在危难关头顶得上去。

西安局集团公司汉中工务段大滩桥隧车间党支部书记黄伟是一位在“7 · 12”宝成铁路抢险中经历过生死考验的抗洪英雄。2018 年 7 月 12 日，陕南略阳县城被洪水倒灌，宝成铁路白雀寺隧道上方猫儿山出现滑移式连续崩塌。当夜，黄伟和工友冒雨检查险情。面对随时可能塌方的山体，他毅然一人向危险处攀爬检查。当他刚将山上情况向抢险指挥部汇报完，只听一声巨响，他经过的地方塌方了。“是党员的站出来、跟我上！”一夜未眠的黄伟戴上安全帽，拖着受伤的腿再次登上坍塌的山体，在 150 米高和坡度近 90 度的山顶，身体几乎悬空着从上向下清理危石和悬空的树根。在黄伟的带领下，人人奋勇争先，完成多项抢险攻坚任务。

2017 年 7 月 6 日 15 时 48 分，成都局集团公司重庆车务段荣昌站车站值班员徐前凯正在进行调车作业，像平常一样，他站在列

● 2023年“最美铁路人”发布仪式现场（《人民铁道》报业有限公司供图）

车前端瞭望。突然，火车前方出现一位老人，背对列车，慢悠悠地走上了轨道。徐前凯大声呼喊，老人却没有丝毫反应。危急时刻，他纵身一跃、奋力一抱，短短5秒，救下了老人，自己却永远失去了一条腿。“生命从来不是等价交换，没有‘值不值’的追问，只有‘该不该’的回答！”徐前凯用生死瞬间的无悔选择展现了铁路人的“胸怀大爱”。

“谁说站在光里的才是英雄？当危险骤然袭来，他拼尽全力照亮生的希望。”万千网友真情留言缅怀他——英雄司机、烈士杨勇。2022年6月4日，成都局集团公司贵阳机务段动车运用车间动车组司机杨勇值乘D2809次列车运行至贵广线榕江站进站前的月寨隧道口处，看到突然侵入线路的泥石流坍体，危急时刻他一把将制动手柄推向快速制动位，用身体死死顶住因剧烈震动被弹回的闸把，在动车紧急制动系统、线路挡墙和轨道结构综合防护下，列车停在了榕江车站，车上151名旅客和工作人员安全无恙，而他的人生永远定格在46岁。

每一次奋不顾身、不计生死的选择，总会让我们更加清晰地看到英雄的本色。向英雄致敬最好的方式，就是学习他们爱岗敬业、忠于职守、服务人民的崇高精神。

◈ 奋斗，奔跑追梦的最美姿态

奋斗创造历史，实干成就未来。铁路的蓬勃发展，离不开每一名铁路人的艰苦奋斗，也离不开一代代铁路人的接续奋斗。

奋斗，擦亮青春底色。

驼峰连结员的主要工作是紧跟时速10公里的货物列车一路小跑，将其连接车钩分离并摘开风管，是对技能与体力都要求很高的岗位。这对身材瘦小的郑州局集团公司郑州北站下行运转车间驼峰连结员陈林来说，难度可不小，别人轻松抬手的动作，陈林却要抬得更高；别人两步跨到的位置，他要跑三四步才能赶上。“别人能在这个岗位干，我为什么不可以？我不仅要在这个岗位干，还要干到最好。”陈林苦练摘钩动作，手上磨出了泡，鞋子跑出了洞。有心人天不负，陈林很快成为作业稳、准、

微视频

2023年“最美铁路人”发布仪式完整视频

2023 年“最美铁路人”先进事迹巡回报告首场报告会现场（《人民铁道》报业有限公司供图）

快的业务能手，并在全站调车职业技能竞赛中连续 3 年夺得冠军，被称为“无敌解钩手”。

在拉林铁路建设中，中铁十一局集团有限公司桥梁分公司西延项目综合办副主任崔欣主动请缨，成为拉林铁路曲水分公司质检女工班班长，负责轨枕生产质量检验工作。她克服高原缺氧等重重困难，脸颊印上了“高原红”，手掌磨成了“铁砂掌”，还练就了一双“火眼金睛”。在一次装车过程中，她发现一根轨枕被撞掉了一角，便立即叫停装车。虽然这批轨枕已经质检合格，掉一点水泥块也不影响质量，但她认为轨枕底部掉块可能会导致受力不均匀，有瑕疵的轨枕绝对不能上线！凭借这股较真劲儿，她和同事们检验出场的 45 万根轨枕合格率达 100%，她也被誉为“新天路上盛开的格桑花”。

斯朗旺扎是青藏集团公司格尔木机务段运一车间指导司机。2007年参加工作以来，他先后驾驶内燃机车、电力机车、复兴号高原动车组，奔驰在青藏高原。秉持着“在岗一分钟、负责六十秒”的驾驶理念和担当精神，多年来，斯朗旺扎取得了安全驾驶70余万公里、安全行车近3000多趟的优异成绩，成为身边青年司机争相学习的榜样、努力超越的标杆。雪域高原，复兴号动车组列车宛若绿色长龙，斯朗旺扎手握闸把、目光炯炯，满怀赤诚书写不懈努力、执着追求的奋斗篇章。

兰州局集团公司兰州西车辆段颖川堡检修车间助理工程师刘晓燕是一名“95后”，在轮轴装修工岗位时，经她检修的轮轴精度可达1‰毫米，相当于一根头发丝直径的1/60。货车车辆一套轴承重30多公斤，刘晓燕每天要检修30多套，这对一个小姑娘而言是巨大的考验。为了掌握转动轴承的力度、确保检测的精度，刘晓燕连着一个多月端水盆训练臂力；为熟悉轴承结构、把握故障规律，她记了245页的轴承缺陷图谱；为了做好中欧班列日常检修，她在一个月内弄懂了265页说明书，掌握了新设备的操作方法。2018年，参加工作仅2年的刘晓燕就在全路职业技能竞赛中一举斩获轴承一般检修第一名的好成绩。

微视频

2023年“最美铁路人”
先进事迹报告会
完整视频

呼和浩特局集团公司包头供电段响沙湾供电车间副主任杜赫，用10年时间从一名业务新手成长为守护沙漠铁路的中坚力量。他总结出的接触网“故障快速抢修”和

“五定检修”等创新工作法，成为设备维修的“指导书”；他苦练技能，更换平腕臂绝缘子仅需 5 分钟，制作吊弦误差不超 1.5 毫米，多次在技术比武中获奖；他在急难险重任务中挑大梁、当表率，带领突击队战洪水、修设备、保安全，让奋斗青春在风沙的磨砺中熠熠生辉。

“当最好的火车司机，开最先进的机车。”为了实现这个梦想，济南局集团公司济南机务段动车二车间动车组司机孔祥配奋勇争先，超越自我，始终保持一颗敬业的心，练就了一身精湛的技能。面对新建高铁联调联试的艰巨任务，他敢为人先，挑起了“开路先锋”的重担。急难险重任务面前，他充分发挥党员先锋模范作用，冲在前、干在先，用实际行动彰显责任担当。多年来，孔祥配扎根铁路一线、甘于奉献，瞄准一流、勇于创新，练就了一身平稳操纵动车组的过硬本领。

微视频

5 位 2023 年“最美铁路人”代表参加中外记者见面会

昆明局集团公司昆明车辆段检修车间车辆电工王超，在旅客列车检修“责任田”里辛勤劳作、埋头深耕，5 年来，他和工作室的“攀登者”们，把曾经如高山一般令人望而生畏的难题踩在脚下，成功修复了集成板卡、报警器、PLC 等各类高价值配件 3910 件，总结提炼“PLC 程序数据库维修方法”等 30 余种疑难故障处理法，获得 1 项国家发明专利、12 项国家实用新型专利，在《铁道车辆》和《昆铁科技》发表技术研究论文 10 篇，

为中老铁路及云岭高原动客车检修作出积极贡献。

成长的道路不会一帆风顺，往往充满坎坷，但强者永不气馁总是奔跑前行。只有实干担当、顽强拼搏，才会留下充实、温暖、持久、无悔的回忆。

奋斗，源于历史传承。

北京局集团公司丰台机务段工会主席刘钰峰曾是“毛泽东号”机车组第十二任司机长。2014 年，“毛泽东号”机车结束 68 年货运牵引任务，开始担当北京至长沙旅客列车牵引任务。为快速适应任务变化，刘钰峰放弃休班，一次次往返添乘北京至长沙的旅客列车，对 161 个车站停车标、1070 架信号机位置、151 个弯道桥梁隧道跨度和 1593 公里线路状况了然于胸。一趟出乘要进行近万次的呼唤应答和 5000 多次的手比确认，刘钰峰和同伴们从来都是一丝不苟地落实作业标准。正是这种坚持和传承，“毛泽东号”机车始终是全路运输安全主战场上一面高扬的旗帜。

在陇海铁路上，有一座跨越深谷、巍峨耸立的铁路大桥——杨连第桥。郑州局集团公司洛阳工务段杨连第桥隧工区工长的李玉斌曾在这里值守。李玉斌的爷爷是新中国第一代铁路人，守护大桥 18 年直到退休。李玉斌的父亲也在这里一干就是 38 年。2008 年，李玉斌来到工区接过接力棒，用实际行动延续守护英雄桥的责任与使命。十几年来，李玉斌和工友们仅靠着一根绳子、一块木板，悬挂在 45 米高的大桥上检查、除锈、刷漆……先后发现、防止安全隐患 200 余件，管内路段未发生过一起行车安全事故，确保了英雄桥和管内 35 座桥梁、10 座隧道、118 座涵洞安全万无一失。

一分钟剪断50次铁线，1分半钟制作一副吊弦，25秒上下接触网杆一次，80分钟“天窗”作业他带领作业组拆除50根旧吊弦、安装60根新吊弦、调整10个跨距导高……这一项项纪录，都是由昆明局集团公司昆明供电段检测试验室接触网工代云华创造的，而这骄人纪录的背后，是他练习上千遍后手上结满的厚厚茧子，是他每天100个俯卧撑和蛙跳并延续至今的锻炼习惯。2011年，他荣获全国技术能手，登上了牵引供电领域的技术高峰。

机车的运行监控装置俗称“黑匣子”，里面记录的成千上万条数据正确与否，对机车运行安全至关重要。沈阳局集团公司锦州电务段车载车间信号工刘博从业近20年来，潜心钻研业务，一丝不苟维护数据，记录了约30万字的学习笔记，换装车载数据150余次，创造了核对灌装2亿条设备代码“零差错”的佳绩，成为享受国务院政府特殊津贴的高技能人才。2016年，以他名字命名的“刘博铁路技能大师工作室”正式成立，与数据共舞的刘博矢志不渝，依托工作室为铁路培养了一大批技术骨干，继续为守护机车安全运行贡献力量。

兰州局集团公司银川工务段钢轨探伤车间探伤工黄涛在钢轨探伤岗位干了20多

【延伸阅读】

2023年“最美铁路人”报告文学集

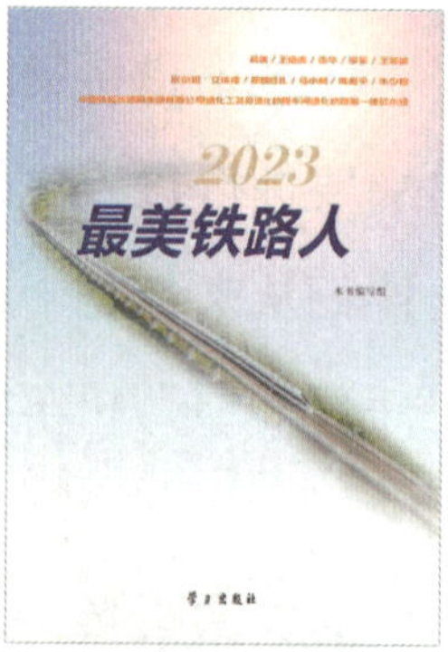

扫码读书

扫码听书

年，不仅练就了“听声查波辨伤损”的绝活，还创新带徒传技、技能攻关、技艺传承、技能推广的“4J”理念，编制《钢轨探伤数据分析图谱》等培训教材20余本，建立“五个一”培训制度，采取“一讲、二演、三练、四点评”学习法，带出了探伤领域的“种子团队”，不仅徒弟孙阳阳、吕叶先后获得全路钢轨探伤职业技能竞赛个人全能第一，还培养出技师、高级技师13名，其中4人获得“火车头奖章”、1人获得甘肃省“五一劳动奖章”。

梅集铁路是中朝两国的重要通道。沈阳局集团公司通化工务段通化桥隧车间第一维修小组在30多年的时间里，负责这条线路的隧道、桥梁、涵渠的巡检、养护和维修任务，至今已传承到第四代。冬季，第一维修小组的17名同志在最低零下40多摄氏度的低温下，对隧道、涵洞进行打冰除冰、整治线路冻胀；夏季，他们顶风冒雨巡视线路，积极应对山洪突发危及行车安全等状况，用精益求精的匠心和专业严谨的态度，把这条地形复杂、基础薄弱、病害多发的“担心线”打磨成了“放心线”。

一棒接着一棒跑、一代接着一代干，是铁路事业不断向前的重要保证。行动是最好的传承。迈进新征程，更加需要我们用实际行动将不懈奋斗的精神传承下去，为推动铁路高质量发展作出更多贡献。

奋斗，成就精彩人生。

南昌局集团公司福州机务段福州动车车间陈承仪是福建首批动车组司机。温福铁路联调联试时，陈承仪等6人被选为联调联试司机。按规定，其中一个区段必须以200公里的时速贴限运行，但陈承仪在操纵列车运行途中有一段时速掉到了 199 公里，必须重跑。为此，他苦练制动闸把操纵技巧，仔细琢磨操纵细节。此后，陈承仪驾驶的动车组列车联调联试数据都是“一次过”。一般司机停靠的精准度偏差控制在 20 厘米以内，而他一直将偏差控制在 5 厘米以内，被誉为“海西第一闸”。

千年大计，交通先行。雄安站是雄安新区首个大型交通基础设施，建筑面积 47.52 万平方米，相当于 6 个北京站那么大。中铁建工集团有限公司建筑工程研究院副院长、重庆东站站房工程建设指挥部总工程师吴亚东在担任雄安站项目部总工程师时，面对 2 年工期建设这样一个精品工程的挑战，大胆使用跳仓法，优质高效完成了 14 万立方米混凝土浇筑，创造了铁路建设的“雄安速度”。为建好候车厅清水混凝土立柱，吴亚东带领团队从钢筋加工到模板拼装再到混凝土配制浇筑，经过上千次反复试验研制出新型清水模板体系，成就了 192 根被誉为“素颜女神”的开花柱。经过 700 多个日夜奋战，雄安站也如期交付使用。

广州局集团公司衡阳车务段运转车间技术员王军常被同事称为“励志哥”。他 22 岁参加工作，用 5 年时间从业务新手成长为全路首席技师。入路短短 1 年，他就翻烂了 4 套行业规章，写了 8 本学习笔记，将标准作业流程、行车规章熟记于心。2017 年，“王军车站值班员技能大师工作室”成立，他带队攻克了防止行车设备误操作、行车组织错办理等 10 项重点课题，15 次参与京广、湘桂、衡柳、怀衡和吉衡线安全攻关，主导编制的 20 项教学课件成为行车一线作业人员的“宝典”。

微视频

歌曲 MV

《最美铁路人》

郑州局集团公司郑州高铁基础设施段电务维修技术中心联锁数据室主任郑小燕先后主持郑徐、郑万、济郑等高铁联调联试和京广高铁时速 350 公里高标运营的列控系统施工及仿真试验，成功处置重大安全隐患 340 余个。在 2022 年参加京广高铁时速 350 公里高标运营仿真试验过程中，她连续 1 个多月泡在现场，几乎每天工作时间 14 个小时以上。郑小燕说："确保联锁关系 100% 正确、列控数据 100% 正确，就是确保旅客生命财产安全。"

中国铁建二十一局集团第三工程有限公司钢构班班长马小利，由一名普通的农民工成长为全国五一劳动奖章获得者，实现了华丽转身，这不仅因为赶上好时代，更多还是来自于他个人的奋斗。学历不高，他就在工作中抓住一切机会学，笔记本积累了一摞又一摞；有难点，他就扎根施工现场，发现一个问题解决一个问题。在浩吉铁路小南塬隧道施工中，他发现重载车辆在洞内掉头困难，就花费两个月时间，一边查资料、一边向技术人员请教、一边设计图纸，最终研制出了隧道内施工车辆掉头装置，被司机们誉为"掉头神器"。

幸福都是奋斗出来的。率先实现铁路现代化，创造更加美好的生活，更需要长期奋斗、艰辛奋斗、团结奋斗。只要把奋斗作为主旋律、主色调，脚踏实地、久久为功，每一个人都能实现自己的梦想，成就精彩的人生。

点　睛

沧海横流，方显英雄本色。

回望百年奋斗历程，在中国共产党的领导下，铁路事业蓬勃发展，先进典型竞相涌现。他们勇立时代潮头，争做行业先锋，用忠诚、奉献、担当、奋斗书写了一个又一个感人至深、催人奋进的故事。

榜样的力量是无穷的。一个个闪亮的名字，是引导我们从平凡走向不平凡的最有感召力的路标，也是激励我们加快建设世界一流铁路企业的强大动力源泉。他们是红色基因的传承者、是改革发展的引领者、是主流价值的塑造者、是时代精神的践行者，任风吹雨打不褪色，经千锤百炼更坚强。

榜样大都身处平凡却不甘于平庸。他们有的埋头苦干，创造了设备检修“零故障”的纪录；有的倾注真情，用优质服务为旅客开启美好旅程；有的默默坚守，甘当高原铁路的铺路石；有的永不止步，一次次向技术难题发起冲锋；有的舍生忘死，在危急关头守护旅客平安……这些人之所以能成为榜样，是因为他们在工作中总会多走一步、多看一眼，是因为他们敢于向不良习惯说“不”、向突出问题叫板，是因为他们对铁路事业的绝对忠诚、对平凡岗位的无限热爱。

“向先进典型学习，可学者多矣！最关键的是要学精神、学品质、学方法。”习近平总书记的重要论述为我们指明了向典型学习的方向。学习榜样，就是要学习他们砥砺奋进、传承创新、不懈追求的先行风采；学习他们爱岗敬业、情系群众、胸怀大爱的服务本色；学习他们扎根一线、执着坚守、甘于奉献的担当品格；学习他们艰苦奋斗、精益求精、争创一流的奋斗精神。

令人欣喜的是，近年来国铁集团联合中宣部，精心组织“最美铁路人”先进事迹集中发布和系列宣传工作，量身创作“最美铁路人”报告文学、央视专题片、肖像画，持续组织了“最美铁路人”先进事迹采访报道，在路内外掀起了学习宣传热潮，受到社会各界广泛好评点赞，“最美铁路人”品牌更加响亮，已成为最具影响力的全国重大典型宣传活动之一。在此过程中，“最美铁路人” 走进人民大会堂、铁路一线、学校等，近距离分享“最美故事”，生动展现了铁路人在平凡岗位上坚守初心、担当使命的动人风采，他们的事迹也在全路甚至全国广为传播，引起热烈反响。在每一届发布仪式后、每一次先进事迹报告直播活动中、每一篇新媒体产品下面，总会收获大量网友和职工的点赞，“他们是万里铁道线上的最美风景”“以后也要成为像他们一样的人”……从一个个致敬的留言中可以深刻感受到那喷涌而出的仰慕之情、践行之志。现如今的铁路行业，先进典型层出不穷，见贤思齐蔚然成风。这不仅仅是对个体的褒奖，更是对“人民铁路为人民”崇高精神和新时代奋斗者价值的生动诠释与广泛共鸣。

眺望前方的奋进路，中国铁路将以更加铿锵有力的脚步走向世界。虽然前进道路上会有很多可以预见和难以预见的困难，会面对更加艰巨的任务和严峻的挑战，但也必将涌现更多具有时代性、先进性、代表性的榜样，他们像迎风招展的旗、照亮前路的灯，给人以目标和方向、斗志和力量，激励我们战胜一个又一个困难，在推动铁路高质量发展、加快建设世界一流铁路企业、更好服务和支撑中国式现代化中乘风破浪、一往无前。

动车组列车驶过山丹军马场（兰州局集团公司党委宣传部供图 · 徐凌波 / 摄）

10

共享篇・幸福生活谱新篇

——如何更好地共建共享铁路高质量发展成果?

“共享”是中华民族自古以来的社会理想，从孔子的“天下大同”，到孙中山的“民有、民治、民享”，再到毛泽东同志提出的“这个富，是共同的富，这个强，是共同的强，大家都有份”。“共享”一直都是中国人心中的一种美好愿望。

党的二十大报告提出：“中国式现代化是全体人民共同富裕的现代化。”扎实推进共同富裕必须坚持共享发展理念，促进经济社会发展的物质文明成果和精神文明成果由全体人民共同享有。对于共享发展，习近平总书记有很多重要论述。

——我们的共享是全民共享。习近平总书记深刻指出，“共享是全民共享”，“共享发展是人人享有、各得其所，不是少数人共享、一部分人共享”。全民共享是全体人民都能从改革发展中受益，这就要使各阶层、各民族、各地区的人民都能享受到改革发展的成果，一个民族也不能少，一个人也不能掉队。全民共享绝不意味着没有差别，但是差距也不能过大，而是必须把贫富差距控制在合理的范围，在做大做好“蛋糕”的同时要切好分好“蛋糕”，让全体人民都能享受到改革发展成果，朝着共同富裕的方向稳步前进。

——我们的共享是全面共享。习近平总书记深刻指出，“共享是全面共享”，“共享发展就要共享国家经济、政治、文化、社会、生态各方面建设成果，全面保障人民在各方面的合法权益”。从领域来说，全面共享是包括经济、政治、文化、社会、生态等各方面的共享，任何一个方面都不能缺位。从环节来说，全面共享包括发展权利、发展机会和发展成果的共享。总之，就是让每一个人共同享有人生出彩的机会，共同享有梦想成真的机会，共同享有同祖国和时代一起成长与进步的机会。

——我们的共享是共建共享。习近平总书记深刻指出，“共享是共建共享”，“共建才能共享，共建的过程也是共享的过程”。

学习金句

新时代是奋斗者的时代。习近平总书记关于奋斗的这些金句值得铭记。

◎社会主义是干出来的，新时代是奋斗出来的。

◎伟大梦想不是等得来、喊得来的，而是拼出来、干出来的。

◎要做起而行之的行动者，不做坐而论道的清谈客；当攻坚克难的奋斗者，不当怕见风雨的泥菩萨。

◎幸福都是奋斗出来的，奋斗本身就是一种幸福。

◎新时代中国青年要勇于砥砺奋斗，奋斗是青春最亮丽的底色。

坚持共建共享，必须充分发挥人民群众的积极性、主动性，广泛汇聚民智，最大激发民力，形成人人参与、人人尽力、人人都有成就感的生动局面。要充分激发人民群众的创造活力，让一切创造社会财富的源泉充分涌流，为人民共享经济社会发展成果提供坚实的支撑。

——我们的共享是渐进共享。习近平总书记深刻指出，“共享是渐进共享”，“共享发展必将有一个从低级到高级、从不均衡到均衡的过程，即使达到很高的水平也会有差别”。共享发展是一个渐进过程，一方面，要防止过度福利化，将收入增长建立在劳动生产率提高的基础上，将福利水平提高建立在经济和财力可持续增长的基础上；另一方面，要持续不断地推进共享发展，把能办的事尽最大努力办好，集腋成裘，积小胜为大胜。

知识链接

高福利陷阱是指二战之后的西欧国家提供的一系列社会保障措施，包括养老、医疗、生育、工伤等。高福利之所以会成为“陷阱”，在于国家违背了“量入为出”的基本法则，为国民提供了远非政府财力能够负担的福利。由于这些“福利大餐”太多、太高，最终压垮了财政，国家只能陷入寅吃卯粮的恶性循环。

国之称富者，在乎丰民。党的十八大以来，以习近平同志为核心的党中央坚持在发展中保障和改善民生，持续扎实推进全体人民共同富裕，让幼有所育、学有所教、劳有所得、病有所医、老有所养、住有所居、弱有所扶。按联合国的标准，根据恩格尔系数测算，我国的人民生活已经进入相对殷实富足的阶段。新中国成立75年来，我国实现了经济发展与扩大就业的有效联动，就业市场不断扩容提质，2023 年，全国就业人员 74041 万人，比 1949 年扩大 3.1 倍，2023 年，全国居民人均可支配收入达 39218 元，扣除价格因素，比 1949 年实际增长 76 倍，年均增长 6.0%；社会保障从无到有、从小到大，建成世界上规模最大的社会保障体系，2023 年末，全国参加基本养老保险人数达 10.66 亿人，比 1989 年末增加 10.09 亿人；教育总体发展水平跃居世界中上行列，2023 年，学前教育毛入园率、九年义务教育巩固率、高中阶段毛入学率分别达 91.1%、95.7%、91.8%，高层次人才培养步伐加快，高等教育规模已位居世界第一，劳动年龄人口平均受教育年限提高至 11.05 年；医疗资源更加丰富，逐步建立健全医疗卫生体系，有效保障人民群众享受基本医疗服务，2023 年底，全国基本医疗保险参保人数 13.34 亿人，参保覆盖率自 2018 年起持续稳定在 95% 以上。特别是经过接续奋斗，我们打赢了人类历史上规模最大的脱贫攻坚战，全国 832 个贫困县全部摘帽，近 1 亿农村贫困人口实现脱贫，960 多万贫困人口实现易地

【名词解读】

什么是恩格尔系数?

恩格尔系数是指一个国家居民对食品的支出占个人消费支出总额的比重。联合国根据恩格尔系数的大小，对世界各国的生活水平有一个划分标准，即一个国家平均家庭恩格尔系数大于 60% 为贫穷；50% ~ 60% 为温饱；40% ~ 50% 为小康；30% ~ 40% 属于相对富裕；20% ~ 30% 为富足；20% 以下为极其富裕。国家统计局数据显示，2022 年我国居民恩格尔系数为 30.5%。

搬迁，历史性地解决了绝对贫困问题，创造了又一个彪炳史册的人间奇迹！总之，新时代，人民生活质量和社会共享水平取得了历史性进步，实现了全方位跃升。

让人民生活幸福就是“国之大者”。铁路作为大众化交通工具和重大民生工程，在实现自身全面进步发展的同时，也在努力让全体职工享受发展带来的“红利”，智慧食堂、星级厕所、健康小屋、补充医保……这些词汇在广大铁路人的朋友圈、微信群频频刷屏，大家的获得感、幸福感、安全感与日俱增。

● 送清凉到一线（青藏集团公司党委宣传部供图）

● 收获的喜悦（济南局集团公司党委宣传部供图）

从生产生活条件看共建共享

铁路各级组织始终坚持以人民为中心的发展思想，全面落实党的依靠方针，从职工关心的事情做起，从急难愁盼问题入手，持续改善职工生产生活条件，努力满足大家对美好生活的新期待，精心构建企业与职工命运共同体。

随着铁路改革发展步伐的不断加快，运输任务和安全压力也随

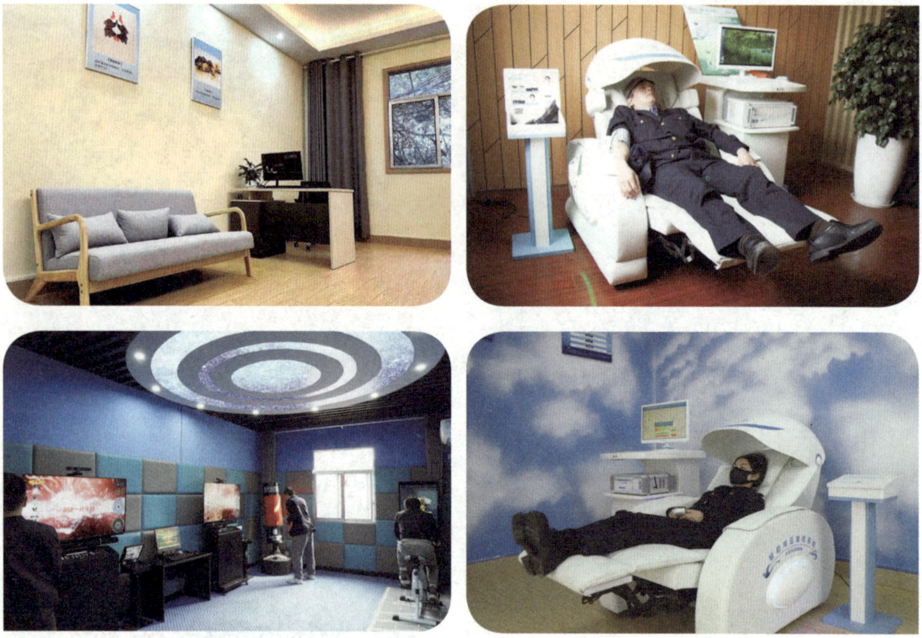

● 鹰潭机务段为职工打造怡心屋减压室（南昌局集团公司党委宣传部供图）

之增加，如何降低劳动强度、缓解工作压力，这既是企业所需，也是职工所盼。

比如，我们持续深化生产组织改革，努力使分工更科学。优化通用工种用工结构，开展兼职并岗，让任务分配更均衡；改革列车乘务制度，推行机车单司机值乘、客运“库乘分离”，让分工更合理；优化货物列车编组计划，精准实施旅客列车“一日一图”，避免无效作业；开展跨区域、跨地区劳动力余缺调剂，合理设置岗位、定员和劳动班制，不断提高劳动生产率。今后，生产组织改革还将稳步推进，还将探索更加科学的设备养护规律，更加符合生理规律的班制等，更好地改善职工的劳动条件。再比如，我们持续改进技术装备，努力使工作更轻松。深入落实国家创新驱动发展战略，以科技创新引领新质生产力发展，持续推动人工智能、5G-R、大数据、北斗导航等前沿技术与安全生产、运输经营等深度融合，铁路技术装备体系发展方面取得重大突破。智能场站、CTC 调度集中控制系统、北斗惯性组合导航铁路轨道几何状态测量仪、电子客票和电子货票、动车组车底检修机器人……通过现代化技术装备的引用投入，“硬件”设备水平不断提高，既提升了工作效率，又减轻了工作负担。随着科技进步和先进技术的推广应用，铁路职工的作业条件必将越来越好。

加强职工服务保障，始终是国铁企业共建共享的重要举措。一

● “金秋助学”活动（广州局集团公司党委宣传部供图）

典型案例

兰州局集团公司制定常态化帮扶救助办法，对一类帮扶救助职工，每月给予救助金1500元；对二类帮扶救助职工，每月给予救助金1000元；对一般帮扶救助职工，视困难情况给予800元、1000元、2000元的救助金。

方面，积极改进加强普惠性职工服务，持续做好常态化送温暖、年节福利等普惠性慰问，以及应急抢险等专项慰问。制定出台《关于做好职工职业生涯全过程关爱服务的指导意见》，组织各级工会聚焦职工入路上岗、结婚生子、退休离岗等10个职业生涯重要时点，及时开展全流程关怀、针对性服务、贴心式帮助。另一方面，认真落实常态化帮扶救助工作意见，坚持标准不降，深化精准帮扶，积极做好“金秋助学”、因病因灾返贫、残疾职工等家庭帮扶工作，让每一位困难职工基本生活都能得到较好保障。

帮扶救助专项资金通过各铁路局集团公司按当年职工工资总额0.2%从福利费中拨付、工会按当年职工工资总额0.2%从工会经费中计提、职工个人每年自愿缴纳医疗互助金等方式筹措。由于各地区经济发展水平不同，个人困难程度也不同，要让有限的帮扶救助专项资金真正发挥作用，就不能搞平均主义。因此，各铁路局集团公司在对救助对象的分类和救助标准的制定上也体现出差异性，力求通过帮扶救助基本保证困难职工的生活维持在一定水平。2023至2024年，全路共投入帮扶救助资金17.1亿元、助困35.1万户次、54.2万人次，助学1.3万人次。

职工安居才能乐业。近年来，国铁企业充分利用政府支持政策，发挥铁路资源、区域优势，建成一批职工住房，推动部分危旧住房和铁路棚户区改造，职工住房条件得到改善。积极利用铁路资源，新建、改造区域性单身公寓（宿舍）、行车公寓，职工居住品质在不断提升，今后还将越来越好。

与此同时，国铁企业认真落实国家关于住房公积金的有关政策规定，每年调整一次住房公积金缴存基数，维护好广大职工的切身利益。住房公积金政策给职工带来了许多看得见摸得着的实惠，如职工在购建或大修自住住房时，可以申请比商业贷款利率低的住房公积金贷款；在购买、建造、翻建或大修具有所有权的自住住房、偿还购房贷款本息、租房自住时，可以申请提取个人住房公积金账户内的住房公积金；如果已解决住房问题且暂时不需要提取住房公积金的，在退休时还能一次性提出全部的住房公积金，相当于积累了一笔可观的养老金。

● 安怀村铁路单身公寓（上海局集团公司党委宣传部供图）

再有就是大家熟悉的“三线”建设，是实实在在的暖心工程。国铁企业结合标准化站段、车间和班组建设，以及新线建设提前介入工作，持续加大生活线、文化线、卫生线建设投入力度，积

● 新建职工公寓大楼（哈尔滨局集团公司党委宣传部供图）

● “三线”建设让职工健康工作、快乐生活（①～④分别由南昌局、北京局、济南局、乌鲁木齐局集团公司党委宣传部供图）

极打造“职工之家”“职工书屋”“铁路爱心屋”“青年之家”“健康管理室”和职工文体活动中心等场所及设施，把组织的关怀切实传递到基层一线。2022 至 2023 年，全路共投入“三线”建设资金 49.14 亿元，其中工会投入 13.55 亿元，新建改造小宿舍、小食堂、小浴室、小卫生间、小文化室、小活动场（室）8.4 万个，小菜园、小养殖场 1.6 万个。

在生活线建设方面，聚焦职工生产中的衣、食、住、行，积极为沿线班组、偏远站区配置空调、冰箱、饮水机、微波炉、热水器、洗衣机等生活用品，大力整修和改建职工公寓、环保厕所，加开通勤班车，添置劳动防护用品，进一步推进“幸福餐桌”建设，让大家吃上热乎饭、喝上干净水、洗上热水澡、睡上舒适床，铁路职工的生产生活条件特别是沿线职工的生产生活条件一天比一天好。

在文化线建设方面，从“硬件”设备设施入手，改建篮球场、羽毛球场、乒乓球台等文体活动中心，购置电视机、跑步机、按摩椅、体感游戏机等健身娱乐设备，积极推进“互联网进站区”行动，进一步提高“小站看世界”网络行动服务品质。还有职工文体协会、区域职工文体联合会、职工书屋等作用也日益显现，形式多样的文艺汇演、体育比赛不断丰富着职工的文化生活。

在卫生线建设方面，开展健康铁路建设，为广大职工进行健康体检，还组织医疗专家深入沿线站区巡诊、开行健康医疗列车（体检车）等，缓解山区、偏远地区等交通不便职工体检难、看病难等问题。同时，加强高原站区卫生线建设，在职工相对集中的班组设置健康小屋、配备小药箱，及时提供医疗救助；开展健康知识讲座，组织健康咨询；充分发挥铁路爱心屋作用，关心关爱女职工身心健康。

典型案例

国铁集团立足新阶段新变化，积极印发并实施“十四五”改善职工生产生活条件规划，2024 年全年投入 28.4 亿元，用于职工生活线、文化线、卫生线建设；补助职工补充医疗保险 55 亿元，组织职工健康体检 151 万人次，投入帮扶救助资金 9.3 亿元。

我们每一个人对美好生活的向往都没有止境，期盼有更满意的工资收入、更高的生活品质、更优美的工作环境、更舒适的居住条件、更丰富的文化生活。这一目标也正是国铁企业各级组织的努力方向，是铁路高质量发展的题中固有之义，我们为率先实现铁路现代化共同奋斗的过程，也必定是共享铁路现代化发展成果的过程。

◈ 从工资收入看共建共享

职工工资收入可以说是大家最关心、最直接、最现实的利益问题，如何实现工资收入持续稳步增长，始终是国铁企业各级组织不懈努力的大事要事。

铁路实行的是工资总额与安全业绩、运输收入、盈亏结果挂钩的联动考核机制。职工的工资收入从哪里来呢？根本上说是从全路上下齐心协力确保安全生产、完成运输任务、实现盈亏目标中来。

首先，来自安全持续稳定。对铁路企业来讲，安全是“生命线”和“清零键”，没有安全一切都无从谈起。对我们个人来讲，安全是岗位职责所在、家庭幸福所系，一旦出现安全问题，不仅要承担相应的责任，也会受到经济考核。因此，安全实现长治久安，是我们收入增长的基础和保障。

媒体聚焦

速查！这笔津贴已到账，还有其他福利！

同时，来自经营效益增长。职工的工资、奖金都是从运输收入中清算来的，在确保安全稳定的前提下，每一分收入都是自己挣来的，只有多发送一车货物、多运送一名旅客，努力完成运输任务，才能挣得工资。铁路多拉快跑，超额完成运输任务，就能增加经济效益，也就能提高大家的工资水平。

此外，还有节支带来的效益。铁路家大业大，支出也大，要想实现工资增长，不仅要千方百计把钱挣到，也要学会精打细算，想方设法压减成本。只要我们每个人树牢过“紧日子”的思想，从节约一滴水、一度电、一张纸做起，省下的就是赚到的。

既要齐心协力做大“蛋糕”，还要科学合理分好“蛋糕”。国铁企业坚持按劳分配原则，在经济效益增长和劳动生产率提高的同时，实现劳动报酬的同步提高，促进企业增效、职工增收，不断优化完善工资分配制度，努力让分配更公平、更科学。总的来看，有以下两个鲜明导向。

一个是导向工作业绩和工作质量。分配靠效益、收入靠贡献，全路扎实推进全员绩效考核。国铁集团提出绩效考核工资占平均工资 70%，其中工作业绩、工作质量考核占比不低于 80% 的要求，指导各铁路局集团公司和基层单位设置差异化的绩效工资考核基数，树立“干与不干不一样、干多干少不一样、干好干坏不一样”的鲜明导向，干得多、贡献大的职工得到的实惠也多。

另一个是导向基层一线和关键岗位。所有工作，最终都要靠一线职工去落实，运输经营能不能有好的结果，也都要靠一线职工的辛勤付出，大家既是运输收入的创造者，也是发展成果的享有者。因此，在工资分配时，充分考虑工作难度、劳动强度、辛苦程度，强化收入分配向运输一线生产岗位、关键岗位、技能人才倾斜的导向，统筹提高夜间作业、野外施工、在外乘务等人员的津补贴标准和班组长岗位考核激励标准，让付出大、辛苦多的职工多得实惠。

做大“蛋糕”和分好“蛋糕”都很重要，在保持职工工资稳步增长上，做大“蛋糕”更具有决定性，是重要前提和基础。

俗话说，大河有水小河满，大河无水小河干。铁路经营的“大袋子”跟每个人的“小荷包”密切相关，只有铁路的效益好了，个人的收入才有保障。同时，铁路是个大联动机，设备联网、生产联动、作业联劳，大家的收入不仅取决于本单位经营状况，还取决于全路经营的“大盘子”。因此，要想创效增收，必须全路上下一条心、一股劲，既要千方百计推动货运增运上量，持续开发客运市场潜力，全面提高多元经营效益，最大限度增运增收；也要持续加大节支降耗力度，进一步优化用工结构、推进修程修制改革、加强全面预算管理，严控非生产性支出，努力争取最好的经营业绩。只要大家同心协力，在挖潜增效上动脑筋，在节支降耗上下功夫，时时刻刻想效益，举手投足算成本，从小处着手、从细处筹划、从点滴做起，坚持“西瓜芝麻”一起捡，同心协力谋出“好日子”，就能实现企业效益和个人收入的“芝麻开花节节高”。

媒体聚焦

骄傲！铁路人就是这么会过日子

从社会保障看共建共享

社会保障是人民生活的安全网和社会运行的稳定器。新时代，我国社会保障体系建设进入快车道，养老保险覆盖范围持续扩大，基金年度收支稳健增长。截至 2024 年末，全国社会保障卡持卡人数达 13.89 亿人，覆盖 98.6% 人口。社保领域取得的显著成果，既彰显了民生领域的“中国温度”，更展现了社会保障体系建设的“中国力度”。

按照国家社会保险制度改革要求，铁路职工社会保险全部实行属地管理。同时，国铁企业在为职工按时足额缴纳基本养老保险、基本医疗保险、工伤保险、失业保险和生育保险的基础上，又建立了企业年金和补充医疗保险，形成了“5+2”的保障体系，有的职工所在城市还试点推行长期护理保险，把社保网织得更密。

基本养老保险，由单位和个人按照一定比例共同缴纳，一般为单位 16%，个人 8%。因各种原因间断缴纳基本养老保险费的，重新缴费后，中断前后的缴费年限及个人账户的储存额可累计计算。达到法定退休年龄且个人缴费满 15 年的，办理退休手续后，可按规定每月领取养老金，以保证职工因年老或病残退出劳动领域后，仍具有稳定可靠的生活来源。

基本医疗保险，由单位和个人按照一定比例共同缴纳，参加基本医疗保险的单位和个人，应当同时参加职工大额医疗费用补助，并按规定按时足额缴费，以享受医疗保险的相关待遇，来保障广大参保职工的基本医疗需求。

工伤保险，也称职业伤害保险，由单位按照一定比例缴纳，个人不缴费。当个人由于工作原因在工作过程中受意外伤害或引发职业病，经社保行政部门认定为工伤或视同工伤的，可给负伤、致残者及死亡者生前供养亲属发放工伤保险待遇，保障职工获得医疗救治和经济补偿。

失业保险，由单位和个人按照一定比例缴纳，失业保险与其他社会保险的不同之处在于，它具有保障生活和促进再就业的双重职能，互济性也更为突出。

生育保险，由单位按照一定比例缴纳，个人不缴纳，女职工产假期间的生育津贴及生育发生的医疗费用等国家规定的与生育保险有关的其他费用，都从生育保险基金中支出。2020年起，生育保险和职工基本医疗保险合并实施。

长期护理保险（部分城市试点推行），由单位和个人按照一定比例缴纳。当参保职工因年老、疾病、伤残等原因导致生活不能自理，经过积极治疗仍不能康复，处于失能状态持续6个月以上，在按时足额缴纳职工基本医疗保险和长期护理保险的前提下，经申请通过评估认定为重度失能人员的，可按规定享受长期护理保险待遇。

● 职工服务中心一站式解决社保、医保等问题（济南局集团公司党委宣传部供图）

● 深入一线开展社保、医保宣讲座谈（武汉局集团公司党委宣传部供图）

企业年金是一种补充养老保险，所需费用由企业和个人共同缴纳。个人缴费以5年工龄为一档确定每档缴费数额，并根据职工工资增长情况适时予以调整。企业按照个人缴费数额的4倍确定企业缴费，与个人缴费一并计入个人账户。比如，个人每月缴纳200元、企业每月缴纳800元，则个人账户每月可存入1000元。企业年金个人账户的金额和利息全部归属个人，退休后除了每月能够领取养老金之外，还可以一次性领取或每月领取到企业年金个人账户的钱。

企业补充医疗保险是指在参加基本医疗保险的基础上，对基本医疗保险支付以外，由个人负担的医疗费用进行适当补助。同时，国铁企业工会建立了职工医疗帮扶救助，重点倾向于因患重大疾病需要支付高额医疗费用的职工。补充医疗保险将职工和退休人员供养亲属也纳入补助范围，保障对象覆盖面较广。

越织越密的社保网，充分体现了中国共产党领导的中国特色社会主义制度的优越性，充分体现了国铁企业全心全意依靠工人阶级的宗旨，充分体现了铁路职工当家做主人的地位优势。在国铁企业这个大家庭里，我们每个人都在通过自己的辛勤劳动为国家和社会作贡献，为把我们的社保网织得更密作贡献，同时我们又是最直接的受益者。相信随着率先实现铁路现代化的日益临近，随着中华民族伟大复兴的日益临近，我们的保障会更加坚实有力。

◈ 从个人成长成才看共建共享

我们每个人的成长成才，既关乎个人，也牵动着每个家庭。培养造就大批德才兼备的高素质人才，既是国铁企业兴旺发达之源，也是国家和民族长远发展大计。

近年来，随着铁路运输生产力不断释放、高速铁路迅猛发展，很多职工抓住这一机会学习新技术、掌握新技能，迅速成长为行家里手、行业翘楚。

铁路作为我国制造业和科技进步的重要标志，面对新一轮科技革命和产业变革，能否抢占先机、赢得发展主动权，不仅需要尖端技术和先进设备，而且要有一大批能把蓝图变为现实的能工巧匠。当前经济社会发展更加重视云计算、大数据、物联网、人工智能等新技术，2019 年底开通运营的京张高铁，标志着中国智能高铁技术全面实现自主化，中国铁路进入了智能化、数字化发展新时代，意味着将有更多的新科技助力铁路发展，同时也意味着铁路将需要更多的研发型、融合型、创新型人才。

人能尽其才则百事兴。国铁企业始终在不断探索实施更加积极、更加有效的人才政策，让所有想干事、能干事、干成事的优秀人才都有施展才华的机会和舞台。比如，依托川藏铁路、CR450 科技创新工程、智能铁路等重大工程、重大科研项目和重大创新基地，

雄关脚下运输忙（兰州集团公司党委宣传部供图）

着力培养核心骨干人才，以及铁路战略科技人才、科技领军人才和高水平创新团队；立足铁路建设运输主战场，着力培养大批敬业爱岗、刻苦钻研、业务精湛、技能过硬、拼搏奉献的卓越工程师；深化实施“百千万人才”工程，着力培养更多专业领军人物、专业带头人、专业拔尖人才；设立青年科研专项，鼓励优秀科技青年人才承担重点科研项目，着力培养青年科技人才；持续推进铁路工匠引领工程，着力培养骨干技能人才。

同时，我们看到，全路坚持“一线培养人才、人才来自一线”的育人用人导向也很鲜明，各铁路局集团公司所属单位中层及以下岗位人员均按照管理岗位、专业技术岗位、操作技能岗位“三类人员”进行管理，打破身份、年龄、学历、级别等限制，为每个人提供平等的机会和公平的环境。其中，还通过增加岗位台阶密度等方式，积极探索优化专业技术人员晋升通道，让晋升机会更多、周期更短，实现职业生涯小步快跑。

功以才成，业由才广。铁路技能人才是推动铁路高质量发展、率先实现铁路现代化、建设世界一流铁路企业的重要支撑。近年来，国铁集团党组始终把技能人才队伍建设作为一项战略性、基础性工作来抓，接续印发《关于加强新时代铁路技能人才队伍建设的意见》《关于健全完善新时代铁路技能人才职业技能等级制度的意见》等制度办法，明确要着力打造一支爱党爱国、爱岗敬业、总量充裕、结构优化、分布合理、技艺高超的铁路技能人才队伍。其中，围绕健全技能人才评价机制，提出“健全完善铁路职业技能等级，构建形成以学徒工、初级工、中级工、高级工、技师、高级技师、特级技师、首席技师为主体的铁路职业技能‘新八级’序列”，建立健全技能等级与技能岗位相结合的铁路技能人才晋升制度机制，拓宽技能人才职业发展空间，拓展技能人才成长进步阶梯。截至 2024 年底，全路技能人才总量达到 130 万人，平均年龄 36.3 岁，其中高技能人才 63.7 万人、占 51.9%，超过社会企业平均水平 21.9 个百分点；技能人才中大专以上学历占 61.6%；建成 84 个铁路技能大师工作室，拥有中华技能大奖获得者 5 人、享受国务院政府特殊津贴 97 人、全国技术能手 266 人、铁路工匠 158 人、全路技术能手 7971 人。

媒体聚焦

这项活动，引领铁路青年奋勇担当！

我们欣喜地看到，党的十八大以来，我国铁路基础设施规模质量、运营市场规模、技术装备水平及科技创新能力等多个领域进入世界先进行列，甚至领先水平。在推进铁路高质量发展的过程中，一个个铁路人努力奔跑、追梦前行，借助铁路广阔的舞台，通过自己的努力实现了个人价值的不断升华。比如，昆明局集团公司昆明机务段“90后”动车组司机胡坚，值乘中老铁路开通运营首发列车，代表铁路人向习近平总书记报告首发列车准备情况，成就了人生中的高光时刻；上海局集团公司南京东机辆段动车运用车间代技术员殷学斌，创下了130多万公里安全行车纪录，创立“动车组精准对标操纵法”，研发“动车组ATP综合实训模拟驾驶装置”“动车组防误关门联控装置”等多项成果，获得中华技能大奖、被誉为“工人院士”；兰州局集团公司银川工务段钢轨探伤工黄涛，用双脚丈量钢轨，不仅练就了“听声查波辨伤损”的绝活，还创造了全路技能竞赛“探伤师徒三状元”的佳话……

一滴水只有融入大海才永远不会干涸。实现人生价值，离不开个人的奋斗努力，也离不开企业提供的广阔舞台。当我们把自身的小我融入企业的大我，不断强化价值共识，推动价值共融，中国铁路事业就能不断向前发展，个人价值必将得到体现和升华。

从回应关切办实事看共建共享

民有所呼，必有所应。作为中国特色社会主义的重要物质基础和政治基础，国铁企业始终坚持广开言路、畅通诉求渠道，充分尊重职工主体地位和首创精神，不断健全民主管理制度，创新民主管理方式，拓宽厂务公开、民主监督渠道，规范落实职工董事履职述职制度，推动民主管理工作规范化、标准化，充分保证每一位职工都享有企业管理的知情权、参与权、表达权、监督权。

当前，职工提出建议、表达诉求的渠道有很多，比如，在职工代表大会上，职工代表通过听取和审议各类报告及方案，代表广大职工群众参与民主管理、表达意见建议；在职工代表大会闭会期间，广大职工可向基层工会小组、车间工会组织和单位职代会联席会议等反映意愿和诉求；利用民主评议、调研座谈等时机，也可提出意见、表达诉求。根据实际情况有针对性地向本单位各级组织、各部门进行反映，也是有效表达的一种方式。近年来，各铁路局集团公司建立了“民情民意直通车”“职工有话说”“职工说吧”等多种形式的民情民意网上渠道，同时，建立了良好的回应机制，赢得了大家的广泛好评。

职工利益无小事。各铁路局集团公司积极为职工群众办实事、解难事、做好事。比如，面对青年职工单身多、交友难的实际，南宁局集团公司推出“宁为你来”系列青年主题交友活动，为一线青年职工搭建起交友桥梁，赢得了广泛好评；比如，乌鲁木齐局集团公司主动对标干部职工更高的健康管理需求，连续 6 年开行医疗体检列车，为 4.4 万名沿线铁路职工送去体检、看诊服务；再比如，济南局集团公司结合职工提高生活品质的诉求，打造 Loft 模式职工公寓，推出 1 元理发、自助洗车等配套服务，让干部职工住得更加舒心、暖心；又比如，兰州局集团公司以提高职工幸福感归属感为目标，大力推进“幸福餐桌”建设，积极改善就餐环境，不断丰富

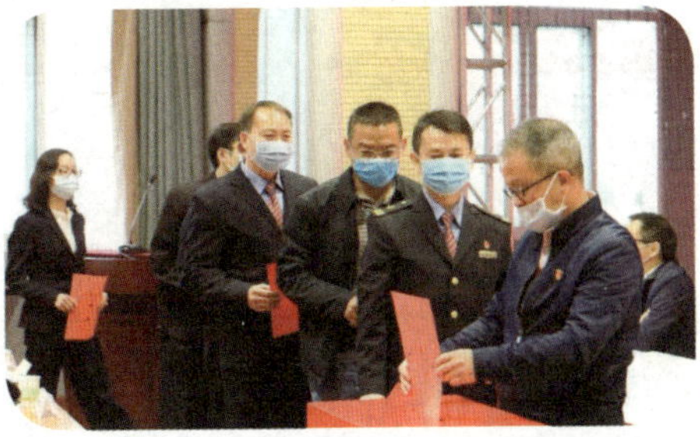

● 一线职工参与企业管理，行使当家作主的权利（昆明局集团公司党委宣传部供图）

饭菜品种，持续提高菜品质量，让职工既吃得丰盛，也吃得健康。

把好事办好，就要办到职工心坎上。铁路各级组织牢记党的宗旨，把职工满意不满意、高兴不高兴、答应不答应作为检验工作成效的重要指标，探索建立了台账管理、动态更新、定期督办、验收评估等闭环工作机制，推动重点实事项目逐项落地，把大家的诉求清单一个个转化为满意清单。

职工群众是国铁企业的主人，也是推动铁路高质量发展的主体力量。保障铁路大动脉运输安全畅通，持续提升运输服务品质，努力创造良好经营效益，需要每一名铁路人发挥主动性、创造性，汇聚集体的智慧和力量。同时，广大职工身处运输生产一线，对安全重点、技术难点、管理堵点等最熟悉、最了解，对如何保障运输畅通、强化设备质量、提高管理水平等具体工作最有发言权。我们欣喜地看到，广大一线职工以极强的责任感、使命感，积极参与合理化建议和金点子征集活动，不仅建言献策，而且大力开展技术创新、立项攻关，为改革发展增添了动力和活力。

点　睛

时间是忠实的见证者，也是伟大的书写者。新时代，中国铁路承载强国重任、肩负先行使命，一路向前奔赴远方，在服务党和国家工作大局、服务人民群众出行的同时，也在尽最大努力满足广大职工对美好生活的新期待。在推动铁路高质量发展、加快建设世界一流铁路企业的新征程上，共建共享是我们画出的最大同心圆，也是我们前行道路上最亮丽的风景。

上下同欲者胜，风雨同舟者兴。坚持发展依靠职工、发展为了职工、发展成果由职工共享，是铁路的优良传统和制胜之道。近年来，国铁企业用心用情办实事解难题，我们的获得感、幸福感、职业荣誉感明显增强。如今，铁路人在微信朋友圈花式“晒”幸福：“‘智慧食堂’靠脸吃饭可还行？”“乘务员专属‘主题酒店’羡慕了吗？”“多功能活动室乐趣翻倍玩到嗨！”……话语虽然朴素，但字里行间透露出身为铁路人满满的骄傲和自豪。

企业和职工是荣辱兴衰相依的命运共同体，企业发展了，职工才能共享发展成果；职工共同努力，才能推进企业发展。实现铁路高质量发展，我们既是推动者又是受益者，只有树牢主人翁意识，自觉地与企业同呼吸、共命运、心连心，才能在推动铁路高质量发展实践中共担责任、共解难题、共享成果。

众人划桨开大船，众人拾柴火焰高。新时代，在特大洪灾、雨雪冰冻、抗震救灾、世纪疫情、保通保畅等重大考验面前，全路干部职工上下一条心、拧成一股绳，踔厉奋发、勇毅前行，闯过了一道又一道难关，打赢了一场又一场硬仗。实践证明，新时代铁路职工是最听党的话、坚定跟党走的产业大军，是特别敢担当、特别能奉献、特别讲纪律、特别有执行力的优秀队伍。

团结就是力量，团结才能胜利。迈上新征程，国铁集团坚决听从党中央号令，作出了加快建设世界一流铁路企业，以深化“六个现代化体系”为载体，以打造“六个市场化运营中心”为带动，进一步全面深化改革，努力为以中国式现代化全面推进强国建设、民族复兴伟业贡献力量的决策部署。实现这一目标任务，离不开新时代铁路人的“齐步走”“接力走”。铁路高质量发展没有旁观者和局外人，人人参与、人人尽力，发展成果才能人人受益、人人享有。只要我们心往一处想、劲往一处使，就一定能汇聚攻坚克难的强大合力，就一定能用团结奋斗创造幸福美好生活。

大道至简，实干为要。实干，是亿万中国人的精神品格，而在铁路人身上表现得尤为突出。从时速35公里到350公里，从绿皮火车到复兴号智能动车组，从“四纵四横”到“八纵八横”，中国铁路领跑世界的背后，是一个个在平凡岗位上的铁路人实干苦干托举起的不平凡。爱岗敬业、忠于职守、艰苦奋斗、勇当先行……推动铁路现代化建设，我们更需要这样一股子干劲儿。

天上不会掉馅饼，好日子绝不是张嘴喊来的，必须是拼尽每分力干出来的。只要我们立足岗位、履职尽责，自觉遵章守纪、按标作业，主动闯市场、搞营销，多提合理化建议，多搞发明创造，以钉钉子精神做好身边的每一件小事，就一定能在铁路高质量发展实践中把日子越过越红火。

后 记

经国铁集团党组领导审定，《新时代铁路发展面对面》于2023年6月正式出版。2024年6月局部修订，2025年7月修订再版。本书由国铁集团党组宣传部组织编写，国铁集团机关各部门及哈尔滨局、沈阳局、郑州局、武汉局、西安局、济南局、上海局、广州局、南宁局、成都局、兰州局、乌鲁木齐局集团公司党委宣传部，以及设计集团公司党委宣传部给予了大力支持。

宋强太主持本书的编写工作，尉建铎、孙菁、石添予、朱亮组织稿件策划及统稿工作。

2023年参与编写工作的有：周满英、张耀东、张谦、张翼航、曹琳、李高奇、雷鸿伟、王芳、梁虹、薛美子、张冰、王天羽、刘星海、胡恺、朱亮、孙增举。

2024年参与局部修订工作的有：李国栋、孙菁、赵静、王鑫、邵乾宇、田银香。

2025年参与修订工作的有：李国栋、李莹、杨存存、赵静、王鑫、田银香、邵乾宇、张嘉益、张翼航、薛美子、蒋雨鸥、刘星海、胡恺、罗伟、朱亮、佘小平、秦伟。

由于编者水平所限，本书如有不妥之处，敬请读者批评指正。

为了更加贴近读者，倾听更多读者的心声，满足读者阅读需求，提高本书修订质量，诚挚欢迎广大读者提出宝贵意见和建议。我们会将好的意见和建议体现在今后图书修订工作中，并向被采纳意见的读者进行回馈。

欢迎广大读者扫码反馈意见。

编 者

2025 年 6 月